● 杨志刚 主编

国民节日讲义

● 华东师范大学出版社

目录

004 饮食中的传统节日
   ⊙ 仲富兰

022 传统戏曲中的节日
   ⊙ 翁敏华

040 娱乐文化中的节日
   ⊙ 陈勤建

052 从日本看中国传统节日
   ⊙ 王晓葵

066 中国传统节日在韩国的影响
   ⊙ 徐赣丽

084 中国少数民族传统节日的基本传统与"进城"问题
   ⊙ 林继富

098 从七夕习俗看台湾地区民俗节日的传统与创新
   ⊙ 洪淑苓

114 岁时节日的文化内涵
   ⊙ 萧放

130 神话传说中的节日
   ⊙ 田兆元

144 信仰里的节日
   ⊙ 张士闪

158 行走在节日现场
   ——中国传统节日的调查研究（1910-2014）
   ⊙ 李松　王学文

180 月的庆典：
   中秋的神话传说与节俗变迁
   ⊙ 高莉芬

饮食中的传统节日

仲富兰

在社会发展的过程中，饮食文化一直是一个很重要的话题。孔子谓："饮食男女，人之大欲存焉"，点明了自古以来维持个体的基本物质生存、人口的再繁衍这两大人类生存的基本要素。以农立国的中华民族历史久远，古代的先民们早在一年四季的农事节令活动中就应节制作了相关的节令食品。（图1）从饮食可以找寻到农事节日饮食流传的步伐，食品已成为古代人们节令生活中的必需品种，甚至成为人们精神生活的支柱。中国人"吃"的文化品种繁复，制作之精美，举世闻名，下面我将以四个部分，主要就饮食文化与传统节日间的联系来进行分析论述。

一、传统岁时与饮食文化

岁时饮食文化早在《礼记·礼运》中就有记载："夫礼之初，始诸饮食"，明确地把人类文明的起源与饮食联系了起来。早在春秋时期，应运农时的"四时八节"的产生，这是我国祖先了解自然、掌握农时规律的结果，在不同的农时节令，勤劳的人民根据农业的生产与收获季节的不同，在米、面食制作方面创制出许多丰富的品种，并寄托着不同的希望。中国人最重要的礼器"鼎"，不论它有多少解释，但其本义却是"五味之宝器"，盛行于商、周时代，用于煮盛食物的器具，也就是煮饭烧肉的炊器。古人讲：衣食足，然后知荣辱，衣食不足，人就不会知晓礼节。所以在不同时令的节日里面，就会创造出不同的饮食文化。（图2）

从字源学角度分析，繁体的"节"字从字体演变上看，总体变化不大。它的本义是竹子之间的一种间隔。节日，实际上就是一种时间的区隔。如果没有节日，我们的生活会变得非常苍白乏味；有了节日，生活就有了起伏，人们就

图1 元宵节官宦人家过节图,采自点石斋画报(作者藏)

有个期盼。著名的漫画家丰子恺先生,对佛学和哲学均有成就,他曾说世界原本就是空间上的无边无际,时间原本就是无始无终。时间是人规定的,历法是人创造出来的。古人发现了时间的周期性,我们的先人当然没有现代的科学知识,那时,他们就是根据对物候的感性观察,形成了对天文历法与传统节日的认识,人类一开始就对这些节气很敏感,往往要举行仪式,以提醒大家季节的来临,这几乎是世界各地不同民族都有的习俗。英国人类学家弗雷泽的名著《金枝》和法国人类学家列维·斯特劳斯的《神话学:餐桌礼仪的起源》分别对古代欧洲和美洲印第安人在夏至与冬至的神话和仪式进行过详尽的分析。比如二十四节气,从入春开始,其中较关键的是春分、秋分、夏至和冬至。这"二分二至"把二十四节气分为四个部分,当然立春、立夏等也都非常重要,都反映了季节的变化和作物的生长之间的关联。古人根据太阳、月亮、地球运动的周期制定了天文历法。我国从三千多年前开始直至辛亥革命,都使用阴阳历。这种独特的历法也带来了一些特有的文化现象。比如根据不同历法,生肖属相的判断会有所不同、有时一年出现两个立春;又如2014年这个

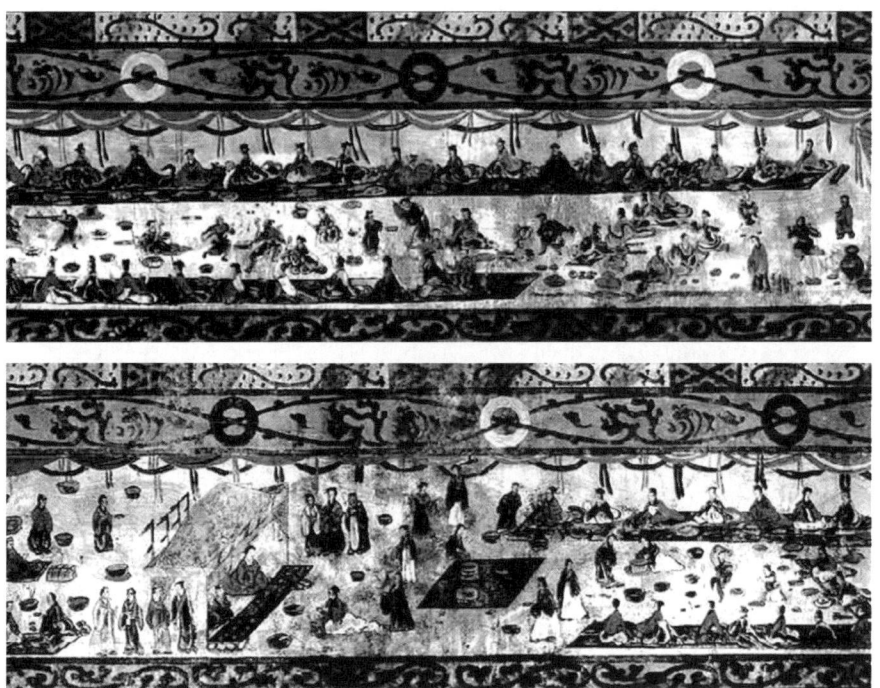

图2　打虎亭汉墓宴饮百戏图

甲午年,因为闰九月,共有387天,是个很特殊的年份。日本在明治维新之后弃用旧历统一改用公历,中国在辛亥革命后,国民政府也曾尝试改革历法,试图采用公历。当时政府颁发了相关文件,但是实际情况是百姓仍然重视传统春节,将旧历的新年过得远比新历的新年热闹,尽管政府开展各种宣传动员活动但都收效甚微,以至于出现了过两个年的做法。直至中华人民共和国成立,人们仍视元旦为"小年",春节为"大年",可见中国人对农历春节的重视程度。公历,根据地球围绕太阳运转来制定,阴历,则是由月亮围绕地球运转推算而得,这种历法不同带来的麻烦一度使天文学家很苦恼。我们现在采取阴阳合历,两方兼顾,对于其中产生的时间差,就通过"闰月"来调节,每十九年中大概有七次闰月,称"闰七次"。

中国人的传统节日是有规律的,试举三例:一是日月同数,比如二月二、三月三、五月五、七月七和九月九等都是节日;二是月内取中,即每月十五往往逢节。如正月十五上元节、七月十五中元节、八月十五中秋节;三是年内对称,比如刚才提到的"二分二至",由此形成了对称的"春社"和

"秋社"两大对土地神的大祭；元宵节和中元节、二月十五左右的花朝节和中秋节之间都相差半年，具有对称性。

庄稼生长离不开土地，土生万物，有了土就有了农业，便可衣食，这也是人类生存的最基本要素之一。有了土地还离不开太阳，它不仅给大地光明，而且能使万物开花结果。古代农业生产中祭祀太阳也成为重要的农事活动，这是为了能够实现风调雨顺的愿望。中国作为典型的农耕国家，气候的变化对于农业生产、国家发展而言至关重要。直接来源于农作物的食物与时令节气、农事活动产生了密切的联系，不同的节日有不同的饮食讲究。临近春分的二月初一，正值重要的农时活动，这时人们要吃太阳糕、喝中和酒，表达农业活动对太阳的依赖。二月二有"龙抬头"节，祈求龙王行云布雨，因为一年的雨水充沛与否与庄稼的成熟有极大关系。古代农民劳作需要有强健的体魄，收割插秧都没有机械协助，腰的作用很重要，故江南民众在二月二要吃"撑腰糕"，寓意强筋健骨。并且这一天妇女不能动刀剪，以免伤了龙的眼睛；也不能睡懒觉，否则整年都会没有精神。吃的东西也很讲究，吃面条叫吃"龙须"、米饭叫"龙子"、馄饨叫"龙眼"等，以求好兆头。"红杏枝头春意闹"，立春要吃"春饼"，也叫"春盘"。杜甫有诗称"春日春盘细生菜"，苏东坡也有"青蒿黄韭试春盘"的佳句。宋代春盘的制作是很讲究的；清代，春盘中的青菜常用芹、韭、笋组成，包含有勤劳、长久、兴旺的意思。春饼吃起来有讲究，薄薄的春饼含有鸡蛋、韭芽等食材，通过同时进食多种多样菜肴，意在感受万物复苏的春天，也包含一层迎新的意味，给人一种希望。

立春吃春饼，是我们中华民族流行的一种古老的风俗，我们可以感受到一种经历严寒之后，人们终于可以舒展一番，欣然迎新的姿态。现在的中国人则把海鲜作为一种迎新的食品。宋代有一种食物叫"探春茧"。"春茧"实际上是面皮，将面条和好和细后，分成一节一节下锅，状似蚕茧，所以叫"面茧"，蚕农们比较重视吃面茧。

在烈日炎炎的夏至，人们在劳作时为了去除伏日的炎热，民间有制作"冷面"的习俗。《帝京岁时纪胜》上说："京师于是日家家俱食冷淘面，即俗说过水面是也，乃都门之美品，嘻嘻爽口适宜，天下无比。"据记载，伏日吃冷面，在魏晋时已形成民俗。天气渐热临近夏至的时候，为去除辐热，民间要吃冷面，配上各种佐料、辅料，这个冷面吃得比现在讲究。根据《帝京岁时纪胜》的记载，北方人将冷面通俗地称作"过水面"。江南这一带的吃法注重凉爽的口感，面过水之后，淋上各种配菜，这面吃起来就有"嗦"道。北方有俗语曰："头伏饺子二伏面，三伏烙饼摊鸡蛋"，比较有地域特色。故而伏日吃冷面是很早以前就形成的礼俗，以前还有"伏日吃汤饼"的说法，汤饼是面条的古称"六月伏日，并作汤饼，名为辟恶饼"。古人认为在炎炎夏日吃汤饼可以驱邪避害，这种辟邪的心理其实也是多数民俗活动最初的出发点。

再如，冬至这天，许多地区家家户户都要吃馄饨。宋陈元靓《岁时广记》载："京师人家，冬至多食馄饨，故有冬馄饨年馎饦之说。"周密的《武林旧事》说："冬至噇噇享先，则以馄饨，有冬馄饨年馎饦之谚。贵家求奇，一器凡十余色，谓之百味馄饨。"清代《燕京岁时记》中有京师谚云："冬至馄饨，夏至面。""夫馄饨之形有如鸡卵，颇似天地浑沌之象，故于冬至日食之。"直到今天，这个风俗仍在我国不少地方流行。

二、节日食品的功能特征

中华传统节日中，饮食是一个非常重要的内容。由于传统节庆具有周期性、地域性的特点，而且每个节日的节庆主题又各不相同，因而节庆的饮食就呈现出与日常简单的饮食活动有所不同的多样和变异特点。

有了节日，使生活更加丰富多彩；有了节日，使老百姓的日子变得不同寻常；有了节日，使老百姓有了一个期盼，能体会到生活的乐趣。对日常饮食的创造和点化，平时的饮食和节日的饮食有所不同，哪怕是再穷的人家，每逢节日，总想要买一些美食。就像《白毛女》里面，过节时杨白劳再穷也要割几两肉，打二两酒，买一段红头绳，带回去给自己闺女。（图3）节日饮食做得要讲究，要有"说"道，其中要有故事，要兴趣盎然，那么这个节才过得有滋有味。总而言之，传统节庆饮食在种类和特点上，保留有日常饮食的痕迹和印记，但更多的则是超乎日常饮食的成分。别具一格的节庆饮食，不仅满足了人们的基本生理需求和从事节庆活动的物质需求，而且还起到了渲染和活跃节庆气氛、增添节庆魅力以及传承文化理念的作用。

节日食品的具体作用，有以下三个：

第一，节日食品成为沟通人和神的中介。众所周知，中国的文化，特别是我们的传统节日，几乎都离不开祭祖，过去还要祭神，祖也是神。为什么要祭祖？因为我们相信当下的好日子是他们带给我们的，所以到了好日子的时候我们首先要想到我们的祖宗，想到保佑我们的神灵。但阴阳两隔，无法联系，我们就需要通过烧锡箔、烧纸等媒介来产生联系。烧锡箔、烧纸就是将阳间的东西通过焚烧，把想法传达到阴间。中国有这样一个观念，即使你的亲人去世

图 3 《白毛女》中杨白劳给喜儿红头绳的剧照（作者藏）

图 4 民间祭祀敬神所供奉的牌位老照片

了，你也能感觉到他们仍在身边一样。中国人的寒衣节，就是要给逝去的亲人送寒衣，但其实寒衣无法送到去世的亲人那里，所以要焚烧，焚化后，亲人就收到了。烧锡箔、烧纸就这样起到了沟通阴阳两界的媒介物的作用。（图4）

民俗学上说"献祭"，其实所谓"献祭"就是人们按照生活经验想象神灵，神已完全被人格化，与人一样，其第一需要就是食物。和神灵沟通的最好方式是献祭，即将自己最珍爱的东西奉献给神灵。最早的献祭有的时候采用"人殉"，有的地方要把村庄里面最好的男孩、女孩献给神灵。后来又觉得人殉太残酷，所以改用木头，用"木俑"作代替物，后又出现"陶俑"，再后来就是用羊或牛来祭神，发展到现在是"娱神"，让神高兴，这已然成为了一种文化仪式，其中也有一种贿赂神灵的目的。随着社会的发展和文化的成熟，逐渐发展为食物的献祭，这种献祭法一直延续到现代社会。

所以，什么是民俗？总体上讲，民俗既是物质的，又是精神的。举个简单的例子，上海青浦区朱家角镇有座老桥叫"放生桥"，桥中间有一块石头，上面栽了两棵小石榴。石榴不是人种的，而是鸟衔来的种子，时间长了慢慢长成的。石榴，据当地老人讲是"留石"，即留住了这个石头，因为这个桥是个石桥。所以，民俗离不开物质，但它又是精神的。任何一样东西都是这样，比如船舶本身是由工程师造就，是物质的，但人在船上吃饭有很多规矩，它是有点精神的。如"风帆"，因"帆"与"翻"同音，应说"风篷"，船民盛饭，要说"装饭"，原因是"盛"与"沉"同音。"船老板"要说成"管船的"或"船师傅"，只因"老"与"捞"音又相近，主要是避船只翻沉去打捞船壳板和货舱板之大忌之讳。如果请人吃饭，有鱼上桌，一面吃了想吃另一面，不能说把鱼"翻一下"，应改为"车一下"或"转一下"。（图5）现在的"非物质"文化遗产也是这个意思，它是一种经验，一种意识，但是它又离不开物质，离了物质它便不存在。就像人与神之间，我们有好东西首先献给神灵，这就是"献祭"，把神人格化。我们需要向他祭祀，讨好他，所以古代也叫"媚神"，跳傩舞、表演给神看，使他高兴，这样他就会保佑我们。人神之间气氛好了，庄稼收成就会好，就可以有饭吃。很多习俗实际上就是做这个工作，即让神灵更开心。所以中国人在饮食方面做出了很多非常漂亮的东西，甚至费尽能工巧匠，他们一辈子就把智慧聪明用在这种雕刻上，穷工极细地做出一顿饭。节日食品作为一种表述情感思想的符号，联系人神之间的工具，虽然它已经缺少了原先祭品的那种动物的神性，但其中的文化色彩仍然很浓厚。（图6）

第二，满足社交需要。节令的休闲性使得在普通时间段劳碌的人们在时间的节点上得以调整、喘息。人是社会性的动物，在社会上生存，不仅需要自己努力，很多方面需要和他人沟通，特别是在传统社会里，为满足人口繁衍的目的，最重要的是要提供青年男女交往的机会，所谓"桑林之会"。过去中国封建地主家庭的小姐，平时不能出门，就如白居易诗中所说"养在深闺人未识"。但是一直不让她出门，会让这个女孩绝望。所以每年的元宵节、上巳节，就是她自由的日子，可以放松自己，与外界有接触，这也是她的一种需求。

不同于普通时段食物的节日食物总能营造出一种良好的增进交流和感情的氛围。在节日这个特定时点的宴饮行为所涉及的场地、气氛、食物、特色，以及参与节日宴饮的人员，既能表达出"主人"的某种"意图"，也会让"客人"体会到自己的价值、地位及受尊敬的程度，无一不透露出饮食所特有的"情感交流"作用。共食，就是大家一起吃饭，这是人类表达善意和友爱的一种最普遍的行为，这在世界上任何一个国家任何一个民族都一样。只是外国人餐桌上的气氛没有中国人那么舒畅，因为中国人吃饭的时候往往是一桌朋友围在一起。与国外相比，中国人吃饭的场面尤其热闹，人数可达几十桌甚至几百桌，还有所谓"长街宴"。全村的人，无论男女老少一齐到大街上去吃东西，看到这种场景就会感受到这种饮食文化的力量。这不仅是吃，它由吃生发了很多文化内涵，也就是一种归属感，一种群体感，中国的饮食文化非常发达，它也最能聚集人气。另一个方面是聚餐时情感的交流和沟通。为什么中国每年的春运会那么忙？不管再苦再累，也不管赚钱、赔钱，过年的时候人们总要想尽办法回家？因为我们要和家人吃团圆饭。这顿饭就像一个促进情感交流的粘合剂，平日里兄弟姊妹、亲戚长辈之间存在的一些争执，在喝着酒吃着年夜饭的时候，相逢一笑间有的矛盾自然就化解了。

有一张晚清的老照片，是中国和外国人的合食，外国的传教士入乡随俗，穿着中国的衣服，拿筷子吃着中国的食物。（图7）改革开放之初，农民不相信广告，所以当时的商人相信从成本里面拿出一部分钱，请客户吃饭，给客户送礼，他们相信"圆台面"比广告更有效、更直接、更能把生意做成，这就是中国民俗的特点。

第三，它是一种文化传统的象征。就像前面所说"长街宴"一样，这是我们这个人情融融的民族的文化传统。传统节令食品是文化的主要表达方式，也是民族精神文化生活的皈依。在传统节日活动中，族群的个体通过传统节令食品的体验，可以直接感受并传承文化。在这个意义上说，民族文化传统节日是民族精神文化传承的纽带。食品包含的意义是根据节令来的，最明显的表现是饮食上的应节性。在传统社会，有"逢熟吃熟"文化传统，孔子说："不时不食。"逢熟吃熟，体现了我国先民的智慧，体现了天人合一的哲理，其中含有

图 5　清代龙州船民风俗图明信片所见当时船民风俗（作者藏）

图 6　春节家族拜祭祖先（作者藏）

回归自然的科学道理。例如上海浦东有一首民谣：

正月里来闹新春，逢熟吃熟真开心，年糕吃罢吃圆子，荠菜圆子肉馄饨。
二月里来时鲜多，早燕竹笋炖腌鲜，枸杞藤滋味要比马兰好，莴苣笋碧绿脆嫩嫩。
三月里来是清明，韭菜摊蛋敬客人，黄花鱼中和大蒜，菜花甲鱼肥墩墩。
四月里来小熟到，草头摊粞装尺盆，海中香螄味道崭，炒麦粉吃得香喷喷。
五月端午吃枇杷，新芦叶粽子角叉叉，炒盐豆相配茶淘饭，咸菜要炒寒豆沙。
六月天气热难熬，嘴干喝点大麦茶，黄浆摊饼吃到珍珠米，黄金瓜吃到大西瓜。
七月天气云又见，采腰菱蹲在河滩边，崇明芦粟挽来吃，要比西塘甘蔗甜。
八月新粳登了场，沙粳白米香喷喷，新米粥要配毛豆节，糖沙芋艿回味甜。
九月西风捉蟹天，蟹簖蟹网接连起，捉着小蟹自家吃，大蟹还要卖铜钿。
十月金秋好收成，田里蔬菜样样齐，嫩绿荠菜新上市，咸肉菜饭滋味鲜。
十一月天气冷嗖嗖，青梗菜吃到油塌棵，黑油墩菜要浓霜打，冰胶豆腐装暖锅。
十二月到过年忙，买鱼买肉乐陶陶，慈姑地栗两盆装，腌鸡腊肉鱼杂汤。

"逢熟吃熟"的文化传统，反映了中国人根据不同时节的物产决定餐桌上的菜肴，食物应该是应节性的。现在出现的反季节水果打破了这个规律，食用之后可能埋下健康上的隐患。比如西红柿、黄瓜，一年四季都上市，但很多不是自然生长，而是通过催熟，这对人们的身体不会有太多好处，人应该顺应自然的状态。

节日的食品寄托着我们美好的愿望，特别在逢年过节或者粮食丰收的时刻。收获时节，农民不会忘记神灵，不会忘记祖宗，所以食品里也包含着图腾崇拜、敬畏祖先的意味。食品的结构总是因为形式的变化而发生变化，所以它有社会性、民族性、传承性、季节性。

三、食品中的节日意蕴

随着农事节令承接着前辈人岁岁年年的生活习惯，又结合农事活动，在一年中的不同季节里过着不同的节日。过节时，除了要有一定的仪式来表示这一天过的什么节日外，最明显的就是在饮食上的应节性。

传统节日食品包括两个门类：单纯性节日食品与日常性节日食品。

单纯性节日食品，这类食物一般是在节日时食用，节日前后虽也有食用，但和节日的关系紧密，而非节日几乎没有这种食品，只在特定的节日出现。比如月饼一般只在中秋节出现，粽子、青团等食物同样如此。

例如中秋节的月饼，(图8) 在我国有着悠久的历史。早在殷、周时期，江、浙一带就有一种纪念太师闻仲的边薄心厚的"太师饼"，此乃我国月饼的"始祖"。汉代张骞出使西域时，引进芝麻、胡桃，为月饼的制作增添了辅料，这时便出现了以胡桃仁为馅的圆形饼，名曰"胡饼"。据传说，月饼最初起源于唐朝军队祝捷食品。唐高祖年间，大将军李靖征讨匈奴得胜，八月十五凯旋而归。当时有经商的吐鲁番人向唐朝皇帝献饼祝捷。高祖李渊接过华丽的饼盒，拿出圆饼，笑指空中明月说："应将胡饼邀蟾蜍。"说完把饼分给群臣一起吃。南宋吴自牧的《梦梁录》一书，已有"月饼"一词，但对中秋赏月，吃月饼的描述，到明代的《西湖游览志会》才有记载："八月十五日谓之中秋，民间以月饼相遗，取团圆之义。"到了清代，关于月饼的记载就多起来了，而且制作越来越精细。月饼象征着团圆，是中秋佳节必食之品。在节日之夜，人们还爱吃些西瓜、水果、柚子等团圆的果品，祈祝家人生活美满、甜蜜、平安。古往今来，人们把月饼当作吉祥、团圆的象征。每逢中秋，皓月当空，阖家团聚，品饼赏月，谈天说地，尽享天伦之乐。

再如清明节人们外出扫墓"踏青"(图9)，食青团。在清明节、寒食节的传统食品中还有一种"青精饭"，据《琐碎录》记载："蜀人遇寒食日，采阳桐叶，细冬青染饭，色青而有光。"明代《七修类稿》也说："古人寒食采桐杨叶染饭青色以祭，资阳气也，今变而为青白团子，乃此义耳。"清代《清嘉录》对青团有更明确的解释："市上卖青团炸熟藕，为居人清明祀先之品。"也有传说，有一年清明节，太平天国李秀成得力大将陈太平被清兵追捕，附近耕田的一位农民上前帮忙，将陈太平化装成农民模样，与自己一起耕地。没有抓到陈太平，清兵并未善罢甘休，于是在村里添兵设岗，每一个出村人都要接受检查，防止他们给陈太平带吃的东西。那位农民回家后，在思索带什么东西给陈太平吃时，一脚踩在一丛艾草上，滑了一跤，爬起来时只见手上、膝盖上都染上了绿莹莹的颜色。他顿时计上心头，连忙采了些艾草回家洗净煮烂挤汁，揉进糯米粉内，做成一只只米团子。然后把青溜溜的团子放在青草里，混过村口的哨兵。陈太平吃了青团，觉得又香又糯且不粘牙。天黑后，他绕过清兵哨卡安全返回大本营。后来，李秀成下令太平军都要学会做青团以御敌自保。吃青团的习俗就此流传开来。现在，青团有的是采用青艾，有的以雀麦草汁和糯米粉捣制再以豆沙为馅而成，流传百余年，仍旧一张老面孔。人们用它扫墓祭祖，但更多的是应令尝新，青团作为祭祀的功能日益淡

图7　晚清时，中国人将聚餐发展到中外合食，外国传教士入乡随俗，使用中国筷子吃饭

化。因此，一些卖青团的店家洞察到这一点，前些年曾出现过多种甜咸馅料的青团，如猪油玫瑰青团、黑洋酥青团、金针耳鲜肉青团等，但好景不长，这些原本受人青睐的青团，竟然无疾而终，实在让人百思不解。

另一个为日常性节日食品，没有界限，节日和平时都可以吃，比如饺子、汤圆。据说饺子与东汉名医张仲景有关，东汉末年，医圣张仲景曾任长沙太守，后辞官回乡。正好赶上冬至这一天，他看见南洋的老百姓饥寒交迫，两只耳朵冻伤，当时伤寒流行，病死的人很多。张仲景总结了汉代三百多年的临床实践，便在当地搭了一个医棚，支起一面大锅，煎熬羊肉、辣椒和祛寒提热的药材，用面皮包成耳朵形状，煮熟之后连汤带食赠送给穷人。老百姓从冬至吃到除夕，抵御了伤寒，治好了冻耳。从此乡里人与后人就模仿制作，称之为"饺耳"或"饺子"，也有一些地方称"扁食"或"烫面饺"。以后渐渐形成习俗，逢年过节没有饺子吃是万万不行的。饺子是我国最具代表性的传统节日食品之一，也是中国人最具寻常意味的日常食品。俗话说，饺子饺子，交在子时，取其辞旧迎新之意。饺子之名，也由此而来。另据古籍记载，饺子的前身是馄饨，馄饨之名，取其圆润沌之形。以面裹馅搓为圆形即成。后有人一改馄饨惯常圆形，做成月牙形，称之为"粉角"，而北方人说话"角"、"饺"不分，粉角就叫成了饺子。馄饨与饺子从此各行其道，各使其形留传后世。如

图8 这是1963年中秋节前夕,上海著名的杏花楼制作的月饼在门市部供应(作者藏)

图9 清明节前后,市民去郊外"踏青"(作者藏)

今,饺子作为代表我们民族的食品之一,已经走出国门,风靡东南亚、欧美等国。饺子渐渐成为中国饮食的代言词。

饺子,作为"贺岁"食品,一是饺子形如元宝,人们在春节吃饺子取"招财进宝"之意;二是饺子有馅,便于人们把各种吉祥的东西包进去,如:包进蜜和糖,希望来年日子甜美;包进枣子,表示来年"早生贵子"。还有故意在个别饺子里包进一枚"制钱",谁得到这个饺子,谁就财运亨通(图10)。此外,还由于春节第一顿饺子必须在旧年最后一天夜里十二时包完,这个时辰也叫"子时",此时食"饺子",取"更岁交子"之义,寓意吉利。

再比如年糕,新春佳节的南方地区,在欢度大年春节的时候,同爱吃饺子的北方人不同的是,南方人爱吃"年糕"。人们说吃上年糕,可以万事如意年年高。年糕是一种用粘性比较大的米或米粉制成的糕,它光洁如玉,柔糯细软。人们吃年糕,实则是借年糕谐音,祝愿生产、生活"年年(粘粘)高(糕)"。这只是古代劳动人民的一种美好愿望和真情期盼。元宵作为节令食品相传始于东晋,盛于唐宋,但最初并不叫元宵。唐代称"汤中牢丸"或"粉果",宋代称后世南方所言的汤圆,与北方所言的元宵类似。宋朝称"水团":"团团秫粉,点点蔗霜。浴以沉水,清甘且香。"明清时期,元宵作为上元节的食品在各地已很常见。也叫圆子、团子,因煮熟后浮在汤面

上，故又称"汤圆"、"浮团子"。《金瓶梅》（42回到46回）、《红楼梦》中都有很多关于元宵节场面的描写。（图11）

第三是粽子，关于它的传说也很多，农历五月初五，俗称端午节，又称端阳节。时值艾叶飘香，石榴花开之际，家家户户吃着粘韧甜香、清凉爽口的粽子，别具风味。（图12）端午这一天，民间有吃粽子、划龙船的习俗，流行的传说很多。闻一多先生认为，这是古代吴越族——一个龙图腾部族举行图腾祭的节日。

金秋送爽，丹桂飘香。农历九月九日，是我国民间风俗的重阳节。古人以九为阳数，月日都逢九，叫做"重阳"，俗称"重九"。自古以来，每逢这一天，人们都有吃花糕的习俗。重阳吃花糕的习俗源于魏晋时代。古人重阳吃花糕，糕音谐高，又在每块糕上插一"剪彩小旗"，代表着插茱萸，这样重阳花糕即包含了登高的意义，又象征着插茱萸的风俗，所以成为风俗食品一直流传下来。

因此，每个节日食品都包含着一种美好的意愿。现在的问题是中国的传统节日已经变成纯粹关于吃的节日，而失去了文化性。我们只记得元宵节吃元宵，端午节吃粽子，中秋节吃月饼，却没有完全理解传统节日的文化内涵。

四、节日食品与美好期盼

节日饮食与家国传统。中国人耕读传家，中国农村的普通百姓对"家"的情结比较浓厚，在传统佳节、婚庆喜事、生日寿辰等喜庆活动中，家中的父母、子女无论走到哪里都要赶回家中团聚、同贺，共享家中团圆欢乐的氛围。在这些喜庆的活动中，品尝吉祥美味的食品常常是家人团聚时不可缺少的重要内容。

图吉利、讨口彩等也与节日食品如影相随，人们为了达到美好的愿望，经常利用米、面制作成可口的食物

图10 逢年过节吃饺子是很多北方家庭的习俗（作者藏）

图11 《红楼梦》寿怡红群芳开夜宴（作者藏）

图12 民国时期北京街头端午节卖粽子吃粽子的男孩（作者藏）

图13 男女齐动手做年糕

制品。如过年时吃云片糕,谐音平步青云;南方许多地区年夜饭则必须有条鱼,象征"年年有余",这也符合了不同地区人们的饮食心理。

而且这种节日民俗食品还与美好的故事联系在一起,有好菜肴就有好故事。食品还讲究吉祥,讨口彩,比如很普通的一块"云片糕",却有着平步青云,步步高升,年年有余等美好寓意。这样就把食物变得很有"说"道,增加了节日的氛围,丰富了节日的文化内涵。(图13)如上海人的年夜饭里,有一道菜叫"全家福",含有粉丝,蛋饺等美味的食材,也是过年年夜饭上的一道"应景菜",什锦砂锅也称为全家福,用各种荤素食材加上汤炖煮,口味多样,营养丰富,象征团圆多福,合家美满。如今,除了这些基本的食材,一些高档的原料也会被一些人家使用,比如说他们就将全家福进行了全面升级,将里面加入海参、鲍鱼等,既富有营养又讨了吉利的口彩。"全家福"菜肴背后有个凄美的故事,传说秦二世以后有个叫朱贤的人,离家多年后归来,看到家里已经变成断壁残垣,向旁人打听后,才得知自己的妻子儿女都已亡故,他悲痛欲绝,遂投河自尽。后被一个渔夫救起,询问之下渔夫得知他家破人亡的经历,便提起半年前自己正好从河里救起一个少年一事,将人带来给朱贤一见,竟是他的儿子,于是父子二人抱头痛哭,悲喜交集。后来朱贤摆了个鱼摊维持生计,一天在集市上遇见一个老妇人,定睛一看,竟是自己的妻子。不幸之中,朱贤相继与儿子、妻子重逢。后来其他人建议大家一起煮一顿饭吃,以示团聚，便做出了一道什锦砂锅，"全家福"由此诞生。

　　还有东坡肉，也是节令食品。宋神宗驾崩后，苏东坡重被起用调到杭州任官时，筑长堤，老百姓赞颂东坡功德，春节时就给苏东坡送猪肉，以示谢意。苏东坡收到猪肉，就叫家人把肉切成方块，用自家的烹调方法烧制，连酒一起按照民工花名册送给每家每户。但家人烧制时，把"连酒一起送"领会成"连酒一起烧"，然而烧制出来的红烧肉，更加香酥味美，食者盛赞之，此后被人们命名为"东坡肉。"

　　七夕之日，人间的巧姑姑、巧媳妇除了要向"天孙"织女乞来技艺外，还要制作各式"巧果"和"花瓜"。巧果又名"乞巧果子"，是一类花色糕点的统称，其款式极多，用料上有白面做的，米面做的；做法上有炉烤的，油炸的；形式上有圆饼形的、梭子形的。以麦面做的叫面巧，以糯米粉做的又名粉巧。为什么叫"巧果"呢？巧果，是人间的巧女们用油、面、糖等做成的各种面食。这些巧果有"以油面糖蜜造为笑靥儿，谓之耶果实花样爷，奇巧百端"；有模拟天上织女织布梭的小星的梭形面果；有模拟传说牛郎投掷给织女的牛拐子的小星的三角形面果。然后把这些"花样奇巧百端"的果子和花瓜一起陈放在自家庭中的几案上，以示向天上织女乞得天工之技巧。

　　中国有很多菜品，如龙凤菜品，就像艺术品一样，很多功夫精湛的厨师，特别是中国宴上的厨师，便如艺术家一样。中国的饮食文化确实丰富多彩，能用面、用糖，加上花瓜、果子等，做出各种各样的食品。还有一种别出心裁的花馍出现在山西、河南、陕西、内蒙等地，这种花馍叫"陕西合阳花馍"，有喜庆的意味在其中，它需费一番功夫才能做成。四时八节的花馍制作不是随意制作的，花馍加工制作的先决条件不是以食用为主要目的，而是以某种特定礼俗活动需要制作的，在完成它的礼俗使命之后，才会被人们吃掉。在陕西等地，举凡婚丧嫁娶、生儿育女、贺寿庆典、四时八节、祭祀天地、悼念亡灵、礼尚往来等花馍都是不可缺少的。节令食品，按其使用性质的不同，大体可分为喜庆和祭祀两大类。（图14）花馍是一种面塑馒头，它的花饰以花鸟鱼虫、蝴蝶、蔬菜、水果等万物生灵为主，表达对祖先的祭祀、老辈的祝福和对美好生活的向往等丰富内容。常见的品种有猫馍、虎馍、盘龙、元宝、金鱼、佛手、寿桃、鲤鱼等。春节时期人们多做枣花馒头，象征幸福与多寿。不同造型的花馍都是勤劳智慧的农家妇女们通过口授心传、面授技艺的传播和创造，并含有吉祥、富贵、求生、避邪等寓意。

　　再比如广东人的潮汕民俗，祭祀又称"赛大猪"（他们在祭神的时候需要做成各种动物的形状并在其中加入各种各样的填料），祭祀完后，有的人还要

图 14　陕西合阳出产之花馍（作者藏）

背着乳猪进行赛跑，"赛大猪"的叫法正是来源于此。

　　节日因为食品变得非常丰富多彩，渐渐地形成一个新的风俗。从中国民俗文化、从民俗学角度讲，节日食品是人们长期的文化传统、生产生活状况和经验的体现；节令食品的制作应用于民俗生活中，它既是造型优美的工艺品，更是作为民俗的载体对未来美好生活的向往与憧憬。节日食品是重要的文化资源，有关这方面的开发与创意不可穷尽，前景十分广阔。

传统戏曲中的节日

翁敏华

节日是人类"时间自觉"的产物。人类对时间的认识经历了一个漫长的历史过程，譬如，中国人最初对时间的认识只有春、秋，并无冬、夏，所以中国最早的典籍名为《春秋》；直至今日，当我们询问一个人年岁时尚有"春秋几何"的说法。子曰："逝者如斯夫"，便是感慨时间过得太快。"逝者如斯"却又不甘如斯，不甘心时间的流失，于是中国人就创造了节日，来"拦截"一下时间，于是便产生了节日。

中国人对于"节日"这两个字的起名非常形象。"节"字以前是竹字头，由"竹节"演化而来，本意为竹子长叶子的分叉处。竹子的其他地方都是光滑的，惟有"节"处摸起来会硌手，人们把"节"和"日"两字合成一个词汇，称为"节日"。"节日"的对应词是"平日"，也就是那些光滑平整的地方。中国人实在不愿意让所有的日子都这样平平地一划而过，于是就创造了节日。节，实际上就是中国人要"阻截"一下时间的产物。

数千年的历史证明，节日创造之后，对我们的精神文化生活确实产生了效用，戏曲中的节日就是它的生动表现。如果没有节日，戏曲和小说都不能成立，戏曲小说情节的推进是离不开节日的。中国戏曲与传统节日有着千丝万缕的关联，在戏曲定型之前，还没有进行日常性、商业性演出的时候，绝大多数都是在节日里演出的。戏曲独立成为一项综合性的表演艺术之后，产生了职业演员团体，在特定的勾栏瓦舍、戏棚剧场作日常性演出，节日是戏曲的最集中、最大量演出的时机。因为节日本身是一个时间概念，机不可失，失不再来，所以演员们要抓住这些节日。

节日是戏曲艺术在时间、空间上的摇篮。节日和时间相关，更和空间相关。联合国非物质文化遗产其中一类项目就叫做"文化空间"，比如越南中部的"铜锣文化空间"，越南中部的锣鼓艺术本身就是在节日里演出的，所以节日既是时间的又是空间的。节日是戏曲艺术在时间、空间上的摇篮，也就是说戏曲"幼小时期"是全靠节日这个"摇篮"把它"摇"大的。同时，那些以节日为背景，穿插节日故事，表现节日活动、节日文化，甚至由节俗生出母题和典型形象的戏剧作品，又在有意无意之间传承着节日传统，弘扬了节日文化，即使某个节日已经失传或者衰微。例如，现在有一月一新年，五月五端午，七月七七夕，九月九重阳，却没有了三月三上巳节（除了个别少数民族地区仍保留）。虽然三月三节丢失了，但通过戏曲作品还能知晓这个节日当时的面貌。也就是说，戏曲成为了节日传承的载体。我们可以通过这些戏剧了解到这些节日的原有面貌、文化内涵和发展演变。从这个意义上说，戏曲是节日文化的传承载体，是传统文化的备忘录，是我们今天得以与自己的先人、先辈和民族历史对话的平台。

现代人的物质生活或许优渥，但精神层面较贫乏，而想让精神丰富起来，就必须与自己的历史对话。我们看古老的戏曲并不仅仅因为审美，更是精神家园、滋润心灵的需要。因为人是精神动物，光靠物质养分是不够的，我们需要去阅读"备忘录"，与传统对话，从历史文化中汲取精神养料。

本文将介绍传统戏曲中各个节日的面貌以及这些节日作为文化时间的本质。我把时间分做两类，一类是物理时间，即我们平时感受到的时间；一类是文化时间，节日就是文化时间。

一、元宵节

元宵节是中国新年的压轴——为什么在这里称中国新年而不用"春节"，因为"春节"其实并不是一个准确的说法，它是一百年前我们的民国革命家创造的节日名称。在那之前的两千多年，这个日子一直被叫做"元旦"，这才是我们中国式节日的名字，才符合中国的节日系统，而不是像现在这样将"元旦"硬生生套用在阳历的新年上，破坏了传统的阴历节日体系。从保护传统节日整体性、系统性角度考虑，"元旦"应该要归位。此处我暂且称农历新年为"中国新年"。

中国新年的压轴是元宵，是中国传统的狂欢节，已经有两千多年的历史。从"狂欢节"这三个字就会明白，在中国的历史上，中国人在这一天是最为放浪形骸的。中国文化是一种比较压抑、规矩，特别是注重"男尊女卑"的文化，但其实也不全然如此。男主外、女主内这是中国的传统，从空间上来讲，中国古代确是这样的状态；从时间上来讲，中国女人却并不是一年365天都受压抑的，比如说在传统节日里就很开放、得到了解放，从中国的古代戏曲小说，特别是以元宵为背景的剧情剧目中就会体会到这一点。

中国元宵剧大致可以分为两类，一类是元宵爱情剧，因为元宵节自古就是中国的情人节，它和西方的情人节在时间上也吻合；另一类是元宵闹剧。爱情剧表现情人元宵约会、元宵重逢，或者在这一天破镜重圆、失而复得之类的故事，体现了元宵节的情感主题和作为中国情人节的艳丽色彩。古代元宵闹剧有许多都是水浒剧，表现水浒英雄利用元宵节作为掩护来闹革命的故事。所以元宵节俗和戏剧共同构筑了它作为狂欢节的特性和表现。

元宵爱情剧中比较古老的有元杂剧《王月英元夜留鞋记》。王月英和郭华互相爱慕，郭华便自己假扮买胭脂到王月英家里去。但两个人还是不能亲近畅谈，于是王月英就约郭华元宵夜在一个寺庙见面。因为元宵夜要饮酒、观灯、表演、耍灯笼等，和朋友们喝得醉醺醺的郭华，到了寺庙之后发现王月英还没有到，就睡着了。结果王月英到的时候看到郭华睡着了。王月英从家里出来，以观灯为名出来抛头露面本就很不容易，所以一看郭华睡得推也推不醒，两个人也无法交谈，策划私奔就更不可能，只好把自己的一只鞋脱下来放在郭华的胸前，想告诉他"我来过了"，然后离去。结果郭华醒过来看到这一只鞋，痛心疾首竟把这只鞋吞下去了，以致噎死——这就是"留鞋记"的来历。郭华死后，众人无从知晓是他杀还是自杀？于是"包公"便来审案，他挨家挨户调查，查到王月英家，王月英说："我去看看。"一看，果然发现郭华的嘴里有一角绸缎露出来着，她就把这绸缎拉了出来，郭华就复活了，最后，有情人终成眷属。中国的戏曲有时候看起来似乎有点莫名其妙，好像就是为了好玩，演戏就是要把人逗笑。但若真要认真研究，"狂欢节"是有一大套理论的。巴赫金，俄国的一个文艺理论家，是狂欢化理论的创始人与泰斗，他说：狂欢节"就是死亡与再生"，这一说法与这部元杂剧的主题简直不谋而合。可以说，《王月英元夜留鞋记》不仅仅印证了、且丰富了巴赫金的狂欢化理论。现代，扬剧有一出叫做《郭华买胭脂》的戏，继承的就是它的故事轮廓，但已很少有演出了。（图1、图2）

元杂剧是北剧，当然也有一些关于元宵的南戏，比较著名的一部是《荔镜记》，讲的是陈三和黄五娘的恋爱故事。其时间背景也是元宵节。这部戏流行在闽南语系的福建，那里是尚保留着中国唐以前语音的特殊地域，古俗、古语、古曲被打包保留了下来。

陈三的上场词是"元宵景色家家乐，箫鼓喧天处处春，上下楼台火照火，往来车马人看人"。五娘上场时也说"元宵景，好天时，人人好打扮，金

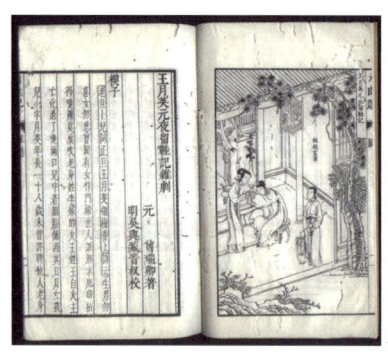

图1 《王月英元夜留鞋记》　　图2 扬剧《郭华买胭脂》

钗十二"。这些台词如果用闽南语读，都是押韵的。唱词通俗易懂，这是戏曲优点——戏曲其实是艺术品类中最接近民间、最和人民群众生活息息相关的一种类型。这个戏曲为何名为《荔镜记》？五娘以手帕包荔枝扔到陈三怀里，陈三得到了这个爱的启示或是说爱的承诺后，就扮作磨镜的小匠，以磨镜为名到黄府要和五娘私奔，所以叫《荔镜记》。当然这些并不都发生在元宵当天，而是在元宵节他们会面之后。元宵节女人们都要精心打扮之后才出去抛头露面，显示自己的容貌美、身材美和才学美，甚至可以直接对自己中意的男子表示爱意，非常解放。比如李清照，她最重视这个节日，所以在那天会打扮得非常好看出门，后来她老了，有一次感叹说，如今老矣"不如向帘儿底下，听人笑语"，她就躲在帘子底下"垂帘听政"，看看少年人一对一对地在那里谈情说爱也是好的。这倒也不失为一种好的生活态度。

元宵节女人们希望有人出来对自己"跟踪"、"盯梢"，很多故事都表明了这点。汤显祖的《紫钗记》也是一个元宵剧。汤显祖是江西临川人，别名"汤临川"。《紫钗记》中的第五、六两出，可以说是传奇系统中最好的元宵爱情剧，写得非常好，前两年上海昆剧团有过演出。它的情节其实与其他爱情剧类同：霍小玉年方二八，才貌双全，李益则是陇西的才子，两个人相遇在南天门的元宵灯会，四目相视，情意绵绵。（中国其实有两个情人节，开始的时候只有一个情人节，就是三月三，约从宋代开始，由于理学兴起，三月三慢慢被打压，但民间就把三月三的节日内涵一分二，一半给了元宵，一半给了清明，反倒生出两个情人节来。元宵节就是一个情人节了，所以人与人之间挤来挤去、推推搡搡有了接触。苏州有个民谣，唱作"三月三，白相虎丘山，佝

（你）么轧轧我，我么轧轧倷，我么勿轧倷，倷倒轧起我来哉"。碰来碰去就是在示爱，看看两个人是否同气相求，同声相应，这种感觉非常的美好，这也是三月三为中国本土情人节的力证之一）。

两个人在元宵灯会的慌乱拥挤之间，霍小玉头上的紫玉钗掉落在红梅树梢上，李益眼疾手快捡到了它，竟不肯还给她，并唱道："手捻玉梅低说。相逢长是，上元时节。"霍小玉拉起水袖偷看做"打觑"并"低头微笑介"说："乃今见面不如闻名，才子岂能无貌。"其实应该是"闻名不如见面"，不清楚这是汤显祖的笔误，还是为了表现霍小玉在这个时候有点慌张，说错了话。李益在一旁听着，把她的路给拦住了，作"径前请见科"，说："小姐怜才，鄙人重貌。两好相映，何幸今宵。"因为今宵是一年中的第一良宵。所谓"元宵"，"元"就是"第一"的意思，"元宵"就是"第一良宵"，因为是一年中第一个圆月之夜。元宵节是一个时间，可在中国人的传统理念中，它可以成为一个媒人。（图3）

李益这样理解今宵对于自己人生的涵义："咱李十郎孤生二十余，未曾婚聘，……何幸遇仙月下，拾翠花前？梅者，媒也；燕者，于飞也。"在民俗文化层面，人们十分重视谐音，重视寄托在物候、物品上的文化内涵。

李益觉得自己遇到了仙女："花灯夜，有天缘逢月姐。"民间相信节日特别是"月旦十五"是仙女下凡的日子，民间遇仙故事多安排在这样的时辰。[1]人们节日外出，希望能够撞见自己命中的那个"仙"，能够撞见自己的天赐良缘。

小玉向李益讨还紫钗："秀才，咱钗值千金也！"李益道："此会千金也！"〔旦背笑介〕："道千金一笑相逢夜"。"千金"首先指价值，又代指闺中小姐，这段对话一语双关，以此打趣。

元宵相逢，一见钟情。因为是元宵节作的媒，剧作把霍李二人塑造为"天生一对"："嫦娥亲许，玉镜台前回得清"（第七出〔好姐姐〕），"花枝摆，花枝摆把燕钗悬在，天付于多才。"第八出这首〔雪狮子〕曲，由是成为当时的爱情名曲："单飞燕也钗，双飞燕也钗。双去单来，单去双来。可似绕帘春色，还上我玉镜妆台。""明提起也钗，暗提起也钗。明去暗来，暗去明来。可似绕帘春色，还上我玉镜妆台。"

钗好月圆，正是他们美好姻缘的象征。

元宵"闹"剧在节日社火，北方的秧歌、南方的花鼓中，十分多见，如《满姑娘吵嫁》、《闹嫁妆》、《老少配》、《王婆骂鸡》、《装疯吵嫁》等，都属于此类。元明杂剧《一丈青闹元宵》、《村姑儿闹元宵》、《小李

图3　明传奇《紫钗记》

广大闹元宵夜》、《吕彦彪打擂元宵节王矮虎大闹东平府》、《宋公明闹元宵》等，都是水浒剧，表现水浒英雄利用元宵节作掩护"闹"革命的故事。

淮剧传统折子戏《骂灯》，又作《骂灯记》，也是一段闹剧，讲的是：明代永乐年间，无锡三年自然灾害，官员张元庆反对滥放花灯，被蔡知府迫害，夫人气死。儿媳王月英灵前守夜，前往街巷边观灯边等人。观灯人太多，月英受到拥挤，遂破口大骂，剧名由此而来。据史载，明代永乐七年（1409）皇帝下诏曰："元宵节自十一日为始，赐节假十日。"那一年放灯十夜，是中国历史上最长的一个灯节。"丝竹肉声，不辨拍煞，光影五色，照人无妍媸"，"月不得明，露不得下。"（刘侗等《帝京景物略》），人多到连露水也下不来了。任何事情都是一分为二的，过节也是。过节放假原本是好事，可是放假太长，又要求家家户户都得挂灯结彩，对于灾区人民而言，自然是一种不堪的负担，是一种扰民。所以老百姓会骂，与百姓至为贴心的民间小戏，会留下表达民意的剧目。名为"骂灯"，实为骂人，骂不把民生放在心上的官僚乃至最高统治者。

王月英《谁说不敢把皇帝骂》一段唱，非常流行："谁说不敢把皇帝骂？砍头不过碗大个疤。有道君不怕骂，百姓爱戴将他夸；无道君不准骂，人心向背就是不骂也会垮。……当今万岁爱看灯，群奸趁机迎合他。无锡三年灾荒后，田里稻谷不发芽。瘟官上本说假话，胡说是五谷丰收大增加。又造起万丈高楼迎圣驾，却把那国库民财当水花。再不劝阻危害大，祸民总根全在他。皇帝老倌啦，你带头玩灯不像话，王月英学公爹说实话，天王老子都不怕，不怕被抓到官衙，撬嘴割舌又拔牙，纵然是千刀万剐、斩斩刹刹、碎尸成渣，我变成厉鬼还要来骂他！"

元宵节何以会这么闹？笔者认为，这与元宵的节日时点有关。元宵之后就是春耕，元宵这等闹，那是因为要闹醒天地、闹醒河流山脉、闹醒大自然。特别是宋代以降，民间的"闹春耕"、"闹恋爱"、"闹革命"三宗"闹"事捏合进元宵，遂使元宵节一点一点闹腾起来，终于成为全年最热闹的节日，并从中生发出偌多的"闹剧"来。

巴赫金说："狂欢节具有宇宙的性质，这是整个世界的一个特殊状态，这是大家参与的世界再生和更新。这就是狂欢节的观念和本质，这种本质是所有参加者都活生生地感觉到的。狂欢节的这种观念，在罗马的农神节上表现得最明显，也最明显地被意识到。"[2] 毫无疑问，元宵节就是中国的"农神节"，是全民性的一年中最为狂欢的节日。

二、戏曲里的清明节

清明节是中国民间祭扫的节日。在戏曲史上清明题材剧中，有一个有趣的文化现象：明清两代都有被统治集团严禁的"小寡妇上坟"剧[3]。如果真是上坟祭扫的歌哭，何以会被如此禁绝？其内容，都是借哭坟，歌唱或表演男女艳情，与宋元两代的"清明剧"，从主题内容到风尚格调一脉相承。

元杂剧里的"清明剧"并不少见。《逞风流王焕百花亭》，简名《百花亭》，无名氏作。王焕生性风流，人称"风流王焕"，时值清明，他去百花亭游春，邂逅著名妓女贺怜怜，一见倾心。贺怜怜含羞摘得一枝兰花在手，吟出两句情诗来："折得名花心自愁，春光一去可能留？"王焕以"东风若是相怜惜，争忍开时不并头！"为酬答。眉目传情已是心事明了，更何况联诗！王焕从卖查梨条的王小二处得知贺怜怜的情况，小二也乐得为两人做媒，于是两人就在一处生活了半年。半年后，贺母赶走王焕，强迫怜怜嫁给高邈将军，移住承天寺。怜怜托小二传达对王焕的思念，王焕扮作卖查梨条的小贩，一路吆喝叫卖，到寺里与心上人相会。怜怜用首饰资助王焕，让他去西延边关从军立功。王焕投延安府镇西夏立功荣归，升西凉节度使，告高邈盗用官钱买妾等罪行，夺回爱人贺怜怜。荣升团聚，双喜临门。

中国最早的南戏里就有《王焕》戏文，《钱塘遗事》说这一戏文"盛行于都下"，一高官的小妾们看了戏后竟至"群奔"，去追求自己真正的爱。南戏中的这一题材不止一本，《南词叙录》里有《百花亭》又有《贺怜怜烟花怨》；《永乐大典》的南戏剧目作《风流王焕贺怜怜》，将两人的名字并

图4 《小寡妇上坟》

列;《寒山堂曲谱》则作《风流王焕百花亭记》,应该都是同一个故事[4],可见这一爱情故事的深得人心。

明代南杂剧《桃花人面》,作者孟称舜。本剧隐括的是唐代崔护的一首绝句,《题都城南庄》:"去年今日此门中,人面桃花相映红。人面不知何处去,桃花依旧笑春风。"《桃花人面》剧情基本上尊重原诗和本事之意,特别是两人初见面一见钟情的一段。崔护前来叶蓁儿家讨水喝,两人相见,对话数语,颇有意。特别是蓁儿斜倚小桃树,含情脉脉注视崔护。第二年清明,蓁儿不得不与父亲一起外出扫墓,崔护"忽思之,情不可抑,径往寻之",门墙依旧,只是那个人儿不见了。崔护大失所望,题诗于左扉上。蓁儿归来,见诗,大为失落,竟一命呜呼。崔护前来哭悼,一声声,一句句,都是情语,全是歌哭。感天动地泣鬼神,竟使女孩儿死而复生,两人遂成连理。剧本歌颂的,正是与《牡丹亭》一致的"生者可以死,死可以生"的人之"至情"。

《桃花人面》塑造的崔护、叶蓁"清明恋"故事,是一个生死恋的构造。剧本富有隐喻性。由"清明剧"看宋以降的清明节,是"寒食其外,上巳其里"的。我们在清明剧中屡屡看到"女感男"(朱熹语)——女子主动追求男子。在男尊女卑的传统社会,平日里当然少有女人表达意愿的权利,但是,中国传统文化也不是铁板一块,也有以人为本、尊重人情的一面,比如在节日时点,女性就能够得到相对的解放,可以打扮自己,出门去抛头露面,展示自己的容貌身材,展示自己的才艺品格,展示自己的美处,甚至,可以向自己心仪之人主动表示爱意,吐露心声,率先赠送信物。这一点,与今天十分盛行的2月14日"情人节",女性向男性赠送红玫瑰、巧克力,何等相似乃尔!

女追男，本来是三月三上巳节的习俗，宋代以后转移到清明节里来了。宋代是中华文化转型的时代。宋型文化，是更理性的文化。三月三上巳节渐渐式微，恋爱的主题和仪式却慢慢渗透进了以祭祖为题旨的清明节，"大帽子下面开小差"。"三月三日天气新，长安水边多丽人"，上巳节男女交往每每在水滨进行，清明上河图，"清明"何以要"上河"？祭扫应该上山才对嘛。原来，上河是去寻找另一半的。《清明上河图》的名称，正是两个节日结合的明证。此后屡禁不止的清明剧"小寡妇上坟"，正好说明了人世间的爱，是关不死、禁不住的。这是人类生命力的一个象征。（图4）

三、 戏曲里的端午节

在中国，端午节除恶厌胜的巫术性主题发生最早。在数千年的历史发展演变中，端午节渐渐成为一个拥有巫术层面、纪念层面、体育娱乐层面、情感层面和审美诸层面文化内涵的复合型节日。端午节自古就重视演戏，并被搬上舞台，成为戏剧故事背景和戏剧表现情节。

元杂剧《四丞相高会丽春堂》、《阀阅舞射柳捶丸记》等都以端午为背景，表现北方端午藉宾佳节的习武风俗，影响不大。与端午节有密切关系且今天依然能够广泛演出、不断改编、受到人们广泛追捧的，首推白蛇故事剧。清代《雷峰塔》第十六出即以"端阳"为名。与元杂剧"男儿武士"端午相对应，白蛇故事剧表现的，正是古代中国南方的端午风景和民俗风情，充满着旖旎的女儿情调。

演唱白蛇故事的戏曲演艺种类繁多。自南宋以来，话本、宝卷、鼓词、弹词一线传承，今天的昆曲、高腔、梆子、滩簧，苏州弹词、杭州杭曲（评词、琴书）、宁波走书、舟山翁州走书、镇海蛟川走书、绍兴莲花落、鹦哥调、温州鼓词、金华道情等，都能表演白蛇传，有的只是路头戏、幕表戏，有的只是口头传承的民间文艺。白蛇故事剧以端午为主要节日背景，以杭州西湖为中心地点，以苏州、镇江为半径，再加上白娘子与小青青的出生地四川峨眉山，这几个地点都在南方。20世纪80年代初，全国各地收集到292篇白蛇故事新资料，其中浙江省155篇，江苏省63篇，占了全国的绝大多数[5]。

白蛇故事剧里不止一个节日，先后有清明、端午、中秋等节日作为时间背景，而以端午为中心，端午是白许婚姻的转折。

白蛇故事剧以端午为文化时间，到底说明了民间的何种心理表现呢？

戴不凡《试论白蛇传故事》说："从《白蛇传》的演变历史，可看出故事的主要矛盾，原来是许仙和白蛇的矛盾，后来才演进为白蛇与法海的矛盾。"

　　《白蛇传》本来的矛盾冲突，是白许之间的夫妻矛盾，也就是性别矛盾，是爱恋的两个人在最初的激情过去了之后，在日常的家庭生活中，谁说了算的问题；是阴盛阳衰、妻强夫弱的婚姻格局如何维持的问题，是普通中国人都会遇到或者看到的问题，是非常普遍非常生活化的问题，是大致占婚姻总数一半的家庭状况。

　　但是，应当承认，中国人每每不肯直面这样的一个矛盾，把矛盾的起因推给外部，给矛盾寻找一个外来的原因。张生、莺莺的《西厢记》也好，《白蛇传》也好，告诉人们：人家本来好好的，就是因为出了个老夫人，出了个法海，才弄得这样糟。可是，舞台上怎么演无关紧要，现实生活中情人矛盾、夫妻争斗、性别对立，还是大量存在，并不因为舞台上的粉饰而有所改变。

　　清代传奇白蛇故事剧本来没有《端阳》、《求草》、《救仙》等场次，艺人演出本增加了这些，表现白娘娘对许仙的眷恋和救助。而许仙在端午日亲眼看见白娘娘现形，是异类、妖孽，先吓得昏了过去，后又充满敌意，表现得心狠手辣，白娘娘平日对他的恩义一扫而光，是艺人有意把他塑造成负心汉的形象。白娘娘"现形"，许仙也是"现形"，现出胆小鬼、忘恩负义之原形。白娘娘《探塔》一出对义兄黑风仙哭诉："我与他患难里成鸾凤，怎知他效王魁将奴哄！"白许矛盾比其他文人写作本都激烈。白娘子对许仙的态度，可以用《巴黎圣母院》里女主角艾丝美拉达的一句话概括："我明知道他是坏人，可我还是爱他。"

　　清明相爱在西湖，端午现了原形，中秋重归于好，多么像我们现实生活中的婚姻运数！这告诉人们：可以利用节日作为调节情感的时间资源。

　　自2008年起，端午节以国定节假日的名义，重新回归国人的社会生活。数年后"中国端午节"又被批准为联合国教科文组织非遗代表作。从戏曲剧作了解与梳理传统端午节的文化脉络，发掘其多重文化内涵，是保护和传承的一个重要前提。

四、戏曲中的七夕节

　　牛郎织女的神话故事是中国四大传说之一。两者先为天上星宿，自汉代《古诗十九首》起，已经有人物形象隐现于其中，"泣涕零如雨"，"脉脉不得语"之谓是也。民间传说的牛郎织女故事，大致定型于南北朝时代。版本异文很多，故事情节大致是：天上的织女与人间的牛郎相爱而婚，得罪了王母娘娘，拔头上金簪划了条天河，牛女只能隔河相望，一年只有一次相会，那就是七月七日鹊桥会。织女的形象，一般是天上的仙女、人间的劳动妇女的叠合。有的传说说她婚后"废织纫"变成了懒妇，因此令王母恼怒。由此看来，织女也只是个有缺点的女子，像一般的民间女子一样。而这一些缺点又是可以原谅的，所以王母娘娘对她也是网开一面，每年让她见一次丈夫。

戏曲《天河配》，取材于牛郎织女故事。商人张有才兄弟同居，张受妻子嘎氏挑拨，与弟弟牛郎分家，只分给牛郎一头老牛。牛郎突然遭此生活变故，又忧虑今后生活无着，一时独自凄苦难已，忽然，老牛开口说人话了。原来此老牛是天上的金牛星下凡。老牛教牛郎径往天河，趁七位仙女在天河里沐浴之际，窃取第七位仙女织女的衣裳，而后在老牛的见证下，牛郎织女结婚成亲。从此过起了男耕女织、衣食无忧的日子。数年过去了，织女生有一对儿女，孰料某日，王母来召织女返回天庭，织女难违天命，只得跟王母回去。牛郎披上老牛临终时留下的牛皮，挑起担子两头坐一双儿女，急起直追，最终因天河阻隔，不得团圆，天河两岸的夫妻儿女，感伤不已。王母念他们情深志诚，允许他们每年七夕之夜一见，届时有百鸟搭成鹊桥，使夫妻相会、亲人团聚。故而此剧又名《鹊桥会》。

徐珂《清稗类钞》云："京师最重应时戏……逢七夕，必演《鹊桥会》。"京剧等许多剧种都有此剧目。民间七夕节各地方纷纷上演此剧应景。解放后，又出现许多改编本，秦腔、豫剧、唐山皮影戏都有。有的直接名《牛郎织女》。黄梅戏《牛郎织女》被拍成了电影。

比起其他的节日，七夕似乎与帝王的关系更为密切，尤其是有名的风流天子。首先是大名鼎鼎的汉武帝。《汉书》载："武帝七月七日生于猗兰殿。"（《渊鉴类函》卷十九）。生于七月七日还在其次，他的神秘爱情故事也发生于此日。《汉武故事》云："七月七日上于承华殿斋，正中，忽有一青鸟从西方来集殿前，上问东方朔，朔曰：'此西王母欲来也。'有顷，王母至。"

第二位生于七夕的帝王是南唐后主李煜。

风流帝王与七夕的关联度，又数唐明皇为第一。（图5）

《长生殿》中以七夕节为背景的出目有二，上部下部各一，上部在第二十二出《密誓》，下部在第四十四出《怂合》。《密誓》是《长生殿》剧，表现李杨爱情的重头戏。

七夕节，杨贵妃学着民间女子，在宫中乞巧。唐明皇前来，两人说起牛郎织女的故事，唐皇表示同情，杨妃表示艳羡，且艳羡得落下泪来：

［做泪介］［生］呀，妃子为何掉下泪来？

［旦］妾想牛郎织女，虽则一年一见，却是地久天长。只恐陛下与妾的恩情，不能够似他长远。

［生］妃子说那里话！

【黄莺儿】仙偶纵长生，论尘缘也不恁争。百年好占风流胜，逢时对景，增欢助情，怪伊底事反悲哽？［移坐近旦低介］问双星，朝朝暮暮，争似我和卿！

［旦］臣妾受恩深重，今夜有句话儿，……［住介］

［生］妃子有话，但说不妨。

［旦对生呜咽介］妾蒙陛下宠眷，六宫无比。只怕日久恩疏，不免白头之叹！

【莺簇一金罗】【黄莺儿】提起便心疼，念寒微侍掖庭，更衣傍辇多荣幸。【簇御林】瞬息间，怕花老春无剩，【一封书】宠难凭。［牵生衣泣介］论恩情，【金凤钗】若得一个久长时，死也应；若得一个到头时，死也瞑。【皂罗袍】抵多少平阳歌舞，恩移爱更；长门孤寂，魂销泪零；断肠枉泣红颜命！

杨贵妃终于说出了心里话。此前的两次吃醋，两次的爱情保卫战，虽然每每险胜，如此灿烂，但兵来将挡水来土掩，毕竟过于被动。她需要一种神圣的爱的保证。

国人在爱事上常常有宣誓的举动，对天发誓，海誓山盟，愿天地能够听得他们的誓言，愿他们的爱像高山大海一样长久。这是国人"天人合一"宇宙观的一个重要表现，表现的是天地崇拜、自然崇拜。这与婚礼上"一拜天地"的习俗内涵是一致的。相爱男女的誓词里，每每有"天长地久"、"海枯石烂"之谓，也同样是自然崇拜的反映。

在著名的爱誓之辞中，"在天愿为比翼鸟，在地愿为连理枝"出自李杨爱情，这誓辞，至今在社会各阶层男女恋人或夫妻中，用得非常普遍。不管她原本是帝妃说的，还是文人（白居易）作的，千百年下来，已经成为婚俗文化的一个组成部分。民俗学认定：文人创作在民间传承三代以上者，即可以看作民俗。

第四十四出《怂合》，全部敷演牛郎织女对话，两星一年好不容易见一次面，却全部用于商量如何让李杨团圆。织女渡河，请牛郎进斗牛宫，牛郎提起李杨事，织女当然是同情杨玉环的，说已经奏过玉帝，批准玉环再回蓬莱宫。牛郎认为做仙女还不如做"并翼鸳鸯美"，织女却不愿帮李三郎，认为他违背誓言有罪，顺带把天下男人骂了一通："从来薄幸男儿辈，多负了佳人意。"或许因为牛郎也是男性，为李隆基多有开脱，最后两人达成共识："李三郎罪有可原"，这才商量定帮他们"重圆"的事。七夕团聚时间很快到了，天鸡报晓了，牛女这才恋恋不舍："没来由将他人情事闲评议，把这渡良宵虚废。唉，李三郎，杨玉环，可知俺破一夜功夫都为了你！"虽然热心，牢骚难免还是有的。

《长生殿》虽安排李杨中秋团圆，却专门安排了这出《怂合》七夕戏，告诉人们：团圆的筹备策划，是在七夕进行的。这不啻说明：传统节日原就是环环相扣、互相关联的。性的主题、爱的主题、闹别扭的情节之后，便该演绎团圆的主题了。

五、 戏曲中的重阳节

重阳节是中国一个古老的、关乎人们身心健康的节日。在两千多年的流传中，人们赋予这个节日十分美好的文化内涵：登高、赏菊、饮酒、吃糕，并构筑了它诗歌艺术、戏剧艺术的表达层面。元明杂剧《东篱赏菊》，就是一部表现陶渊明与重阳节关系的剧作。此剧在正史野史和陶诗的基础上创作，描写了重阳节俗，塑造了作为重阳节日偶像的陶渊明形象，增加了重阳节的文化内涵，亦有助于对陶渊明这个人物的纪念和崇祀。重阳节是"崇高"之节：登高、吃糕（高的谐音）、崇拜高人陶渊明。

重阳戏曲的影响力不大，远远难与《陈三五娘》、《骂灯》、《桃花人面》、《白蛇传》、《牛郎织女》、《长生殿》等剧相比。端午节偶像屈原在剧中不显，表现重阳节偶像的陶渊明剧也没有得到太好的传承，好像太正派的人物形象在戏曲中总是难以让人喜闻乐见，可见中国戏曲的戏谑性、调笑性品格根深蒂固。这是一个民族的戏剧观问题，并不存在对错好坏。

六、 节日是戏曲中的文化时间

戏曲里的时间表达，都具有文化时间的性质，历史时间和民俗时间彼此缠绕、相辅相成。从文化哲学的角度看，时间与空间不仅仅是物质的存在方式，它同时又是人的生命与文化的展开方式。马克思在《1861-1863年的经济手稿》中指出："时间实际上是人的积极存在，它不仅是人的生命的尺度，而

图5 《长生殿》

且是人的发展的空间。"[6]人是文化的存在,文化是人的存在方式,人的存在的时间性直接表现为文化的时间性。

叙事文艺小说与戏曲,都非常重视借助节日的时间节点"说事":或提供背景,或渲染气氛,或推进情节,或塑造形象。小说不说了,戏曲在这方面做得显见的,有汤显祖的《紫钗记》(立春、元宵、花朝、寒食、七夕、中秋、重阳)、洪昇的《长生殿》(上巳、七夕、清明、中秋)、今人曹路生的越剧《玉卿嫂》(清明、端午、七夕、中秋、重阳、除夕)等。《桃花扇》在这方面尤其可圈可点。我们看到:《桃花扇》的节日演绎,每每是对举的:上半部分第八出"闹榭"时在端午节令,下半部分第二十二出"守楼"是又一个端午;上半部分第二十出"闲话"的时间安排是七月十五中元节,下半部分第四十出"入道"则是第二年七月十五;上半部分第五出"访翠"与下半部分第二十八出"题画",虽前者题"清明",后者题"上巳",其实这两个节日早已混同为一。抓住这些肯綮展开分析论述,实在非常有趣而有意义。

《桃花扇》是"借离合之情,写兴亡之感"。男女主人公的"离合之情",主要寄托在前后两番清明上巳节的演绎。侯李相识,在"本事"《李姬传》里,并没交代时间,只简单地说"雪苑侯生,已卯来金陵,与相识。"孔

图6 《桃花扇》

尚任在安排两人相识相爱的时间节点上，显然受到民俗文化的左右。因为清明节早在宋代，就已经演变成中国的"情人节"了。（图6）

清明取代上巳成为"情人节"，因两者时间上近，另外，恐怕和崔护"人面桃花"诗相关。这首诗有一个"本事"曰："崔护……清明日，独游都城南……"

侯李的姻缘是短命的。他们"癸未三月"结亲后，到"癸未十月"，就因为侯方域给左良玉的一封信而遭受压力，被迫"辞院"。如此一别，直至"乙酉七月"再见，离别了近两年。而那时，明王朝已亡，连南明王朝亦已亡了，国已不国了。再见即是再别，他们双双"入道"。

在侯李作别到再见的一年多时间里，侯方域回过一次媚香楼。戏剧第二十八出《题画》即表现此情此景。剧作家安排侯方域又到媚香楼的时间，是又一个"清明上巳天"。他期待"应有娇羞人面，映着他（它）桃树红妍"，却人去楼空。映入侯眼帘的，是闲庭院里桃花满枝，使他顿生"人面不知何处去"之感慨。

《桃花扇》的第五出"访翠"像是演绎崔护诗之前两句，第二十八出"题画"直如演绎崔诗之后两句，"人面桃花相映红"的愉悦，与"人面不知何处去"的伤感，形成了强烈的对比。崔诗主题是表现"重访不遇"的。崔诗中"去年今日"的"今日"即清明日，是个文化时间，一个关乎爱情、关乎爱而不得其爱的文化时间。两者把国人在文化时间里发生爱情和对爱情缅怀的强烈比照，作了最好的舞台呈现。如果说前者表现的是爱的主题，那么后者正表现了爱而不得其爱，后者的题旨更为隽永。

转眼到了端午佳节（第八出"闹榭"）。二人与复社朋友一起在一个河房水榭玩，他们饮酒联句，歌吹说笑，非常快乐。三更半夜，他们忽然发现异党分子阮大铖的灯船，在慢慢驶过来，细吹细唱的声音飘过来。阮大铖买舟载歌，原要早出游赏；只恐遇着东林党复社敌对分子，故此半夜才来。此前，复社文人与阮大铖的冲突，已有《哄丁》、《侦戏》，复社对这个异党分子又打又骂，还拉掉了他的胡子。他看到河房灯笼上写着"复社会文，闲人免进"，赶快歇笙歌，灭灯火，夹着尾巴逃走了，也可以说是被复社成员赶走的。

第二年端午节，曾经给侯李二人撮合姻缘的杨龙友，又来做媒，这回要介绍香君给新任漕抚田仰做"小宠"。丁继之、卞玉京、张燕筑、沈公宪、寇白门、郑妥娘，都被杨龙友派来劝说。李香君的"舌战群媒"。众媒人自讨没趣，碰了几鼻子的灰，悻悻然被赶走了。

剧作家写作了两段"驱"的文章，其一驱赶的是复社政敌阮大铖，其二是李香君一人驱群媒。为什么作者要将两"驱"皆置于端午节进行？因为，端午节本身就是个"驱"节。

端午节时值初夏，虫蛇百脚、病毒细菌活跃，人们很容易得病。古人认为五月是恶月，五日是恶日，所以五月五日是个双恶的日子，需要认真驱避。民间自古就想了许多避忌的办法，使端午成了一个行巫术厌胜的节日。《大戴礼记·夏小正》所记"五月五日，蓄兰为沐"，就是预防病疫的一种做法，自古以来，我国民间多有朱索桃印饰门、艾人悬户，人身上挂赤灵符，手臂上系五彩缕等，都是为了驱邪禳灾。

弄明白了这一点，对《桃花扇》端午节的时间设置，就能够多一层理解。

另外，《桃花扇》还安排李香君正月初七"人日"骂宴，正月初十，南明小皇帝预赏元宵，还前后设了两个中元节，祭罢"北明"祭南明，意味深长。孔尚任写《桃花扇》，是要让后人"知三百年之基业，隳于何人、败于何事、消于何年、歇于何地"，"不独令观者感慨涕零，亦可惩创人心，为末世之一救。"（《桃花扇·小引》）这一使命，当然是由全剧来承担、来完成的，但是二十四、二十五、二十六三出，正好集中地展现了"何人"、"何事"、"何年"、"何地"，乙酉年，南京地，低能而自负的帝王将相，骄奢淫逸的年节行事。而这一切，全部寄托在正月初七及后三日，寄托在新年这个中国第一大节日的时间背景之上。

有学者指出："文化的传统性是文化时间性的重要表征。作为传统存在的文化，使每一个人类个体的文化创造都获得永恒的意义，它通过文化传承对传统文化和未来文化产生影响。"[7] 上述各本戏曲中表现的诸多节日，都表明了这一点。

[1] 参见李道和《岁时民俗与古小说研究》，天津：天津古籍出版社，2004年版，第448页。

[2] 〔俄〕《巴赫金集》，上海：上海远东出版社，1998年版，第137页。

[3] 明英宗朝有《禁唱妻上夫坟曲》，《元明清三代禁毁小说戏曲史料》（第14页）载："正统间，北京满城忽唱〔妻上夫坟〕曲，有旨命五城兵马司禁捕，不止。""满城"听唱，够普遍的，动用"兵马司"，够严重的，结果"不止"，禁令无效；清代花部戏有《小寡妇上坟》，无名氏作，载《永禁淫戏目单》，归为"淫戏"，统治者要对它"永禁"，决心不可谓不大。《燕兰小谱》卷2"高明官"条："明官演《小寡妇上坟》，甚是娇媚。"

[4] 齐森华等《中国曲学大辞典》，杭州：浙江教育出版社，1997年版，第273页。

[5] 莫高：《〈白蛇传〉研究的新信息》，收入《〈白蛇传〉论文集》，杭州：浙江古籍出版社，1986年版，第291页。

[6] 《马克思恩格斯全集》第47卷，北京：人民出版社，1979年版，第532页。

[7] 苗伟：《文化时间与文化空间——文化环境的本体论维度》，《思想战线》，2010年第1期。

娱乐文化中的节日

陈勤建

一、节气与节日

我国传统节日其实由两部分组成，一部分是节气，另一部分是节日。过去两者区分得清楚，现在有点不甚了了。原因是在1912年改历以后，我们日常生活主要遵从公历，传统的农历虽然还保留在日历上，但正慢慢被淡忘。

现实中，我们传统的节日和节气是按照农历的形式运作的。按照传统节气图，它按照太阳黄道律法的传统分割，大概十五天多一点，是一个节气，二十四节气加起来就是365天稍多。这种分法与西方的星座划分有相似之处，也有区别，在此不多展开。再说传统节日，它和节气不太一样：节气是按照气候的变化来论定的；节日是我们的先民在他们特有的生态环境中，基于天体运转的宇宙规律和万物生长的规律，再加上人体的生命感知而形成的文化展演。它是一个族群对自己的文化生命周期的一种重要标识。

之所以这么讲，是因为我们可以看到，现在节日的"春节"和节气的"立春"的时间有相近之处，但并非完全重合。节日"春节"的名称，原称"元旦"，是1912年改历后所改。我国传统"年"的形成，与一个古老而后世有所遗忘的历法有关。在历史上，农历或者说阴阳历出现较晚，最早出现的历法是"十月太阳历"。《大戴礼记》之《夏小正》、《诗经·豳风·七月》都透露了这样的信息。在远古的阶段，我们只有春、秋两季，一年只有10个月，每月36天，一年则是360天，还有几天叫做"日之余"，也就是"年"的日子。当今我们知道一日24个小时，一月30天或者31天（或特殊时间会有28、29天），一年365或366天。但实际上，"过年"的这个"年"和"一年"之"年"并不一样，对两个"年"的差异的淡忘中我们丢失了珍贵的文化信息。过"年"的日子实际上是固定的，不是360天，就是只有五六天，也就是360天之外的日子，就是我们的节日"年"。为什么会这样？主要的原因在于，我们按照天体运转，地球绕太阳一周大约多少时间，植物生长一岁一枯荣大约怎样的状况，人的生命感悟也随之开展，360天过后空白的日子也就是过年的日子。在民间还保留着十月太阳历的痕迹，比如大凉山的彝族就仍有沿用太阳历；《红楼梦》中林黛玉写《葬花词》，对在外婆家寄人篱下的生活感到不自在，写了这样一句："一年三百六十日，风刀霜剑严相逼"。她没有说"一年三百六十五"，表明了民间的口头称谓中十月太阳历和"年"的概念确实有所保留。我们的语言中也保留了年的概念，《豳风·七月》中有"一之日"、"二之日"、"三之日"，我们现在古籍出版社出版的注释里把它解释为夏商或周代等的十一月、十二月，这些说法实际不准确。其中所写的"一之日"、"二之日"、"三之日"其实对应就是"初一"、"初二"、"初三"，只有对这些概念有准确的认识我们才能真正了解传统节日的形成。

我国传统节日都是在一个特定的环境、天体、植物和人类生命积累的基础上形成的文化感悟。它和气候节律的节气不一样。今天，节日中有很多娱乐活动，要放假，需要轻松轻松，寓情于乐，是后来的表达方式。历史上，传统节日的活动起初并不是娱乐，如春节，它是一种先民除旧迎新的祭祀活动，这中间包含着"娱神"与"娱人"的内涵。过年的时候要放鞭炮，所谓的鞭炮爆竹，最早就是把竹子在过年的时候燃烧，竹子受热，竹节裂开发出"噼噼啪啪"的声响，这在《诗经》的年代被称为"庭燎之光"。后来发明了火药，到了宋代才有了今天的鞭炮这种形式，所以王安石的"爆竹声中一岁除"是比较晚的情况。但在早期也同样有这种节日的氛围，它的目的是为了驱邪，民间的说法是除去"年"这种恶魔。与此同时，这些外在的形式还带有一种欢乐的气氛，大家敲锣打鼓，宰猪宰羊，很热闹。这样的形式首先是要让神高兴，然后人才快乐。现在的节日比如苗家的三月三打年糕，清明做青团，实际上都来源于祭神、娱神的活动，后来才逐渐变成人自己的享受。

传统的春节，有很多娱乐活动，这些娱乐活动的发源是"古傩"。"傩"是一种古老的祭祀仪式，这种仪式到现代还保留在我国的不少地区，它完全是一种中国式的俗仪，属于巫文化的范畴，在这种祭祀活动中间，会产生带有情感的宣泄、潜在意识的娱乐因子。因为古人感觉到，新旧交替之际的"年"，会有很多不确定性，旧的一年中间总些小的尴尬，新的一年希望有新的气象，所以要去除旧的不愉快，开启新的美好将来。他们把旧的东西看作厉鬼，即某种应当抛弃的东西，而新的东西让人充满期待。这个过程包含着活跃的情感，因而也就产生了傩的活动。傩，在中国有宫傩、军傩、乡人

傩等多种形式，它是我们曾有过的叫"方相氏"这样一种傩的表达形式，即是传说中的夏朝就有"黄金四目"的方相氏，孔子对这种傩仪也有记载。过去我们对中国面具的形成和用途有疑问，王国维《宋元戏曲史》中说是为了演戏需要。魏晋时期有一个兰陵王将军，面若妇人，为了威慑敌方，他骑马打仗时要戴一个张牙舞爪的铜质面具，后来他取得了胜利，回来庆贺表演，由此产生《兰陵王入阵曲》及舞台演员的面具。一般研究认为，戏曲中娱乐用的面具就是从兰陵王开始的。其实面具的形成在夏代方相氏、"古傩"当中早就存在，主要用来掩饰自己的面貌与神明交往。所謂古代的"军傩"，就是打仗的时候就要有一个"傩"的表演。它好像是在祭祀祈祷，实际上是带有一种戏剧的因素。所以《兰陵王入阵曲》后来成为我们戏剧中的娱乐因素，实际上就是从古老的"沿门逐疫"的祭祀中间演变过来的。民间的目连戏，就是"傩"的残留在舞台上的表现，还有北方的萨满，乡人傩等祭祀活动，它们本来都是信仰性质的活动，但是信仰活动中间带有很强的艺术的因素。我曾经应邀去安徽池州姚家宗祠观赏于

图1　古傩遗存　当代池州　姚家祠堂　傩面
图2　甘肃永靖　当代傩文化艺术展演会
图3　当代傩仪行街
图4　上海旅游节
图5　傩

年初七"人日"而始的"傩"的表演，由此我看到了其中所展现的古人的想象，后来我又去甘肃永靖观赏全国的傩的展演，发现发展到现在古傩的表演中信仰的因素慢慢消退，更多的是一种娱乐性场景，由傩的祭祀变成傩戏，所以我们今天看到的一些节日的娱乐活动，其实它们最初是一种信仰活动，只是在流变中最后以娱乐的形式表现出来。看着这些张牙舞爪的面具，让我联想到古羌人祭神的一种表达被保留下来。看着这"军傩"的资料，我们也能想象古代战争之前以军傩造势的场景。傩在当代以花车、戏曲等娱乐样式表现，上海旅游节时完全按照现代技术重新整治的花车，包括表演者的新奇穿着等等完全成为了一种娱乐，而花车的原型也是来自古傩的一种方队。这使我遥想起四五千年前，中国的古傩也是穿着不同的服饰招摇过市，只是没有现代化的灯光色彩而已。时间流过了几千年了，我们依然按照这样的轨迹在行走。（图1、2、3、4、5）

二、节日中的娱乐

1. 七夕节

节日中的娱乐是在信仰因素弱化与娱乐性增强的基础上逐步形成的，比如七夕就属于其中比较有代表性的一个例子。

七夕所祭祀的神灵，在民间被称为七夕女神，七姑星、七女神等等。汉代的《西京杂记》里记载，当时的女性在农历七月七日那天要穿七孔针来乞巧。一千六百多年前的《荆梦岁时记》也讲道，七月七日牛郎织女相会，一般女性都在这一天来比巧、求巧。求巧的形式很多，如甘肃西河当代的乞巧形式，它包括迎巧、祭巧、唱巧、相互拜巧、针线卜巧、送巧等等。这样一个活动下来，就像一个戏剧的起承转合。在乞巧开始的时候，姑娘们排队，串联一根红线去河边拦下，象征一座鹊桥，然后唱巧迎神，随后抬神行街，百姓要恭候七娘娘。接着是祭拜后互相比巧，比什么呢？在甘肃这些地区，在乞巧前会组成一个类似联谊会的形式，一些十五六岁的未嫁小姑娘聚在一起，商量地点、活动的安排，然后每人回家用麦子或者绿豆之类的植物放在水中发泡让它发酵，慢慢生长发芽，最后到乞巧这天拿出来比试，谁家的长的最好，谁就最巧。朝拜比巧的习俗其实宋代就已经有了。有文献记载：宋代杭州当时就有这样的活动，看谁家的巧芽长得好。这不仅表达了一种生命力，还表达了一种女性的美好的愿望——将来成家了，生产和生养要好。所以大家都很看重这个活动，精心呵护植物，唯恐弄坏了会带来厄运，这就是比巧。另外还要吟诵，在七仙姑面前表达自己心愿。由一个福相较好的妇人领头祭拜，下面跟随着一些女孩子。这样的仪式中间信仰的成分在减弱，大家在表达自己的心愿和希望幸福快乐的情感在上升。在座的女孩都是极其认真和虔诚的对待这个活动，每个人都希望自己有个美好的将来，这时候这些女孩的情感已经达到了最高潮，得到了升华，无意中她们已经形成一种表演。（图6、7）

另外有一个江南的例子——浙江温岭石塘的七夕。这七夕名义上是祭七仙姑，在当地的名称叫做孩儿节，或称小孩节。这个地方在七夕祭神，实际是给小孩做生日。温岭石塘的小孩在16岁以前，无论多大，过生日都是七夕这一天，必须由他的舅舅给他做彩亭或者彩轿。它的主要特点是春节过后就要开始准备五彩纸和竹木，在七夕前三四个月就开工。舅舅在外甥16岁以前每年都要做，十分辛苦，要是不会做，便出钱买。我们可以看到做成的彩亭相当精致、五彩缤纷。这种形式在宋代已经有了，已经流传了一千多年。彩亭一般都是两三层楼台，每层上还有戏剧人物，当时民间叫"纸亭"。如果16岁的孩子准备外出赶考，最后一次七夕生日时，会将彩亭用布包好，说明你要进京赶考，已经长大成人。经济条件较拮据的人家也要做，可以做一个比较简单的，男孩是花亭，女孩则是花轿。这两个就是给小孩做的，比较简单但不失华丽。其中贡品都有当地特有的一些食品，人吃什么就供什么。从这个习俗我们可以看出，这虽然说是祭祀，但也是一次民间手工艺的比赛。大家都在观看哪一家的手艺最出色，舅舅的脸面全在这上面。有的舅舅没时间，又做得不大好，但为了场面，就雇了最好工人帮他做。所以当地的一些残疾青年不需要政府援助，他们只要双手健全，都在做这个活，而且保证有销量，简直供不应求。大家一比，心灵手巧，越来越厉害，花样也越来越多，即使以现在的目光来看，这种习俗也毫不简落。（图8、9、10、11）

2. 元宵节

我们传统的节日，是从祈求性向娱乐性发展，祈求神灵的力量不消亡，文艺的情感增强，对神灵祈求恩施的意愿越来越弱，比如像元宵节的改变就很大，关于元宵节的形成我们研究很多，说法不一。其中有一种说法是元宵节与远古时期初民对火的崇拜有关，还有说是祭祀"太一"神。中国对"太一"没有明确的解读，但他是天地宇宙间最珍贵的一个神。有人说是太白金星，但

图6 西和县七夕 搭鹊桥

图7 西和县七夕 比巧

图8 温岭石塘七夕 彩亭 又名纸亭
图9 温岭石塘七夕 年届16岁小孩的纸亭
图10 小女孩的纸亭
图11 七夕家门口祭拜

是太白金星太小了；有人说是北斗；有人说他就是一个主宰宇宙的神，类似于上帝。我们这种祭祀太一的形式，是汉家盛行的一种形式。"汉家常以正月上元祭祀太一甘泉，以昏时夜祀，致明而终"，黄昏时点一盏灯，一直要到天亮，万家灯火通明。关于元宵节也有人说是受佛教的影响；也有人说始于汉文帝时的"诸吕之乱"，即他的母亲吕后在刘邦死后揽权，吕家人在吕后死后试图夺权当政，后来汉文帝在大将周勃等帮助下平定了诸吕之乱，当天晚上恰是正月十五，于是他就将宫中人放出去玩，与民同乐。光靠月光不够亮，都是举着火把，万家灯火，元宵节就是从这个时候开始。最近也有一名学者完全否定这种说法，另立新意认为元宵节与上元节无关，但我看这个说法的认证不是很明确。因为从两千多年的记载来看都比较明确的是，汉家祭祀"太一"这一点应该是没有问题的，元宵节原来就是祭祀这一点也很明了，许多文献对此都有所记载。

但是这个节日到了汉文帝以后发生了变化。汉文帝时与民同乐，后来有记载，汉代元宵这一天变成了全民的狂欢，当天长安城街上有成千上万的少女游街、活动、歌舞。长安城所有的大树都用绸缎装裹，显示汉家的兴盛，让其诸侯国来看看汉家的兴盛。到了唐代，可以说这种娱乐性质达到了高潮，从皇帝、贵妃到平民百姓全部都卷入其中。有史料记载，当时杨贵妃和几个姐妹要做灯，做到几十丈高，难度相当大。其中有一个妹妹，有人问她要不要做，她回答，我是大唐天子的阿姨，当然要，而且要做得比其他的都高，可谓彼此之间互相争艳斗奇。所以说树挂彩灯、火树银花的场面，并不是现代人发明的。现代人不过是用灯泡之类的东西挂上去，而唐代时这一活动已经达到高潮了。民间少女在灯火下载歌载舞，行歌踏歌。这时，信仰的成分几乎看不到了，全是娱乐的成分。唐诗中也不乏这样的诗句，崔液在他的诗中写道，"玉漏铜壶且莫催，铁关金锁彻夜开。谁家见月能闲坐，何处闻灯不看来"。过去是有宵禁的，但在元宵节这一天大家都出来看灯了。还有张祜的"千门开锁万灯明，正月中旬动地京。三百内人连袖舞，一进天上著词声"。李商隐的"月色灯山满帝都，香车宝盖隘通衢。身闲不睹中兴盛，羞逐乡人赛紫姑"。这首词还提到了另一个习俗活动——赛紫姑。紫姑神，是一个比较文学化的词，在上海民间叫做"坑三姑娘"。紫姑传说中是一个受迫害的女性，有人说是戚夫人被吕后残忍残杀，将其手臂切断扔在厕所，还求死不能；也有人说是一个受迫害的小妾；也有人说是民间的一个穷苦人。但是她的事迹传说得到了许多人的追忆，并且都认为她是女性的保护神，特别是小女孩的幸福之神。赛紫姑就是这样一个都是女孩子做的活动。男孩子，除非是较小的男孩，否则都会被赶出来。整个程序如此：人们拿一个过去淘米的竹制的淘米箩，将其倒过来，套上头套，就是传统女性戴在头上的一种套子，然后将发簪倒插在淘米箩边上，这就是道具。接着在桌上铺上一层米糠或者米粉，几个姑娘相约好了后，先到厕所边上迎神，磕头烧香，然后说："大姑娘在么？""不在，出去了。""二姑娘在么？""也出去玩了。""三姑娘在么？""三姑娘在，三姑娘还没起床呢。"其实就三个人去，一个人磕头，两个人相向用筷子抬着淘米箩，一唱一和。表演完了之后，就可以请三姑娘上轿、过三桥、划仙船等等。我们可以看到左右两个人拿双筷子放在簸箕下面顶着，下面那个人开始求，可以请他写字，也可以求些其他的，比如我将来的夫家是谁之类的，然后他们就会给你画画。这是少女的一种情怀、情感的表达。赛紫姑很盛行，整个的过程好像在求神，但似乎又在演戏。

到了宋代，元宵的活动变成了一种更进一层的情感活动。过去的女性很难出门，特别是待嫁闺中的女性。但是元宵这天是开放日，可以外出。所以对有情人来说，这一天往往是约会的日子，说元宵是中国古代的情人节一点也不为过，称七夕是情人节反倒是有点问题的。正月十五夜意境"众里寻他千百度，蓦然回首，那人却在灯火阑珊处"。把情人之间互相追寻的目光和心情描写得淋漓尽致。又如欧阳修所写"去年元夜时，花市灯如昼，月上柳梢头，人约黄昏后。今年元夜时，月与灯依旧。不见去年人，泪满春衫袖"。原本相约今年元宵再相会，却没能再相见，忍不住热泪盈眶，伤心不已。阳历二月十四日作为情人节只是西方的一种说法，农历正月十五若作为我国传统情人节，更有情意，更有一种中国式的感受，不应该因为外来文化的传入而受到轻视。元宵节在宋代成了真正的中国古代情人节，而且还产生了许多趣事。宋徽宗喜欢与民同乐，传说凡是在元宵节来看他龙颜的女性一律赐酒。有一次有位女性乘着酒兴后连金杯也带走了，这位有才华的女子在被抓住后急中生智吟了首《鹧鸪天》。说道她和丈夫失散，天快亮了，她害怕公公婆婆的责备和丈夫的质问，所以偷了个金杯作为凭证，证明自己在皇帝这里喝酒，于是皇帝高兴地将金杯赐给她作为凭证。

这里描绘的是男女谈情说爱的场景。我们说到节日中的娱乐，许多都是由这样的形式中发展过来的。我们可以看到火树银花的场景。实际上那时的元宵节比现在更热闹，情感更真挚、更丰富一点，而我们现在仅仅是买汤圆。当然我们现在的元宵节，由于科技的发展，布置得流光溢彩，比过去要漂亮丰富得多。但在这灯光溢彩下面，情感的东西却未必有过去丰富。我们可以对比今古元宵节的形态，思考一下近年来自己元宵节又是怎么过的，我们会发现有一种

图 12　当代元宵夜

图 13　跳灶王

情感的失落，包括娱乐方面的失落。我们只是冷冰冰地看看灯而已，灯的确漂亮，但是灯火阑珊处，人却不在了。（图12）

三、娱乐的形式

总而言之，大多数的节日的习俗都是娱乐成分的不断增强，这是一个基本的发展规律，这种娱乐的形式往往是单层型向综合复合型发展。

大家看苏南地区在清末明初的过年。从腊八开始前后一个半月，一共八十七项活动，平均每天两项。过年应在年前就要开始忙碌，十二月初八开始要跳灶王，跳钟馗，做腊八粥，还有年糕，这其中乐趣就在于自己打年糕。过去的年糕不像现在缺乏糯性，糯米要浸三天以上，一天要换两三次水，拿水磨粉，然后磨出来的年糕才好吃。或者是将糯米蒸熟了，放在石臼里反复打。随着现代化发展，许多传统的做法在中国消失了反而在日本被保留下来。实际上，打年糕代表了一种文化活动，有娱乐活动的性质在里面。我们现在一直说年味没有了，但实际上很多东西是我们自己扔掉了。我想只要恢复一点，就可以使我们的年过得相当有味：我们从宋代就开始互相送贺年卡了，叫"飞帖"。各家自己写好贺年词，自己或差仆人送出。他们是不进门的，每家每户的门上有个相当于现代邮箱的布袋子，他们就把飞帖投进去。后来元朝的蒙古军队把这个习俗带到了西方，西方才有了贺年卡。古代过年放炮仗也是有规矩的，一般清晨起来放炮仗，我们现在是半夜十二点放其实是不对的，子时是十一点钟，而不是十二点。其实最早的过年的爆竹，是以"庭燎之光"这种烧竹子的形式。经过几千年的演变，江南地区除夕夜的活动发展到了至少几十项。但现在只剩下了两三项：除邪、守夜、看电视，然后放炮仗、吃年饭，年饭应该在家中吃，这样求福活动才有了意义。还有跳灶王，实际是乞丐挨家挨户跳以示消灾迎福，有钱出钱，有东西出东西，从初八开始跳半个月，这样就可以赚得一年的大半生活费。跳灶王、跳钟馗这些活动就像演戏一样，民间原来的活动大都是这个样子。（图13）

图14　端午雄黄酒

传统节日这种由简单到复杂的因素，除了过年外，端午节也是如此。它实际上是中国最古老的卫生节，人们在这一天拿着香花兰草汤水洗身消毒。其起源刚开始非常简单，后来随着时代的不断发展，把每个时代的不同内容都加了进去包括有关屈原、粽子的内容。粽子最早的形式很简单，就是一种没有冰箱时代的保鲜食品。农村在春节的时候就开始做粽子，一做就是两三个月，它们被挂在梁上，当作下地的干粮，粽叶有清热解毒的作用，可令食物保鲜，后来这些食品都才慢慢变成了端午的习俗。后又加入了演白蛇戏，就更加成了一种复合型的节日活动。端午之际，春夏之交，地气一动蛇虫鼠蚁都冒出来，毒性很大，所以人们要除毒。传统中，端午节吃的、用的东西都和除毒有关。现在除毒剂虽然很多，可以不用雄黄，但消毒一事仍要做。古代的端午节还要吃鸭子，这在周处的《风土记》中就有记载，许多地方都有赶鸭子、捉鸭子的习惯。如沈从文的《边城》，开头就是赶鸭子。鸭子是凉性的，正符合端午节要除燥、除毒的功能。端午节的这些形式，都是和端午节季节性的东西有关的。中国古人的生存智慧是极其丰富的，所以才有这些活动的存在。而我们对这些活动的本义可能不太清楚了，而更多看到了其中娱乐性的内容。白蛇传的故事本身有中华文化因素，直到现在江浙沪一带仍有"看家蛇"一说，古老的女娲神伏羲就是人头蛇躯。这些东西本身就承载着我们的情感因素，我们过去就有这样的信仰和崇拜，但现在渐渐地演变成娱乐性的了。端午节的定项表演节目白蛇传,从开始的出于驱邪消毒的目的演变到跟人生情感相关的故事,更出现了舞蹈、影片、油画,其娱乐样式越来越丰富,而这些就是中国传统节日娱乐化的很重要的演变。(图14)

从日本看中国传统节日

王晓葵

一、节日内涵

首先澄清一个误解，现在很多人觉得节日就是放假，可以什么都不干，或者想干什么就干什么。的确，如果是假日，比如周末、学生的寒暑假等，是可以这样的。但是，节日就不同了，节日里一般是必须要干点什么的，比如春节，要做年夜饭、拜年、贴对联，以前还要祭灶、泡腊八醋等。清明节要去扫墓，重阳节要登高等。总有特定的活动等着你。而且，节日也不是想干什么就干什么，有些事平时可以干，节日就不能干，这就是禁忌。比如有些地方过春节，直到初二夜不能扫地，扫地意味着对祖先不敬，也会扫走财运；不许泼水，怕泼走财运；元宵节十五晚到十六晚，不得挑水、扫地、倒脏水，以免扫走财神、泼掉钱财；正月十六还有不动针线一说等等。总之，节日是一套文化规范构成的时间节点。通过约束人们的行为，来达到某种文化的、心理的、信仰上的社会功能。但是，这套文化规范似乎越来越失去约束力，很多节日的规矩都已经被忘却。有人说，现在的节日主题只围绕着"吃"而丢失了其他文化因素。也有人说，中国人喜欢把节日当假日，都是说的这样的现象。不过，十多年前开始的源自联合国教科文组织的非物质文化遗产保护运动，多少改变了上述现状，这个运动为了保持世界文化的多样性而鼓励各个国家、地区保护自己生活中世代相传的生活文化。其中就有一部分是"社会风俗、礼仪、节庆"。我们中国人过去曾经否定过自己传统的生活方式，民国时代政府甚至发布过禁止民众过阴历春节的命令，强迫大家按照西方的公历过元旦。结果终究因为得不到民众的支持而无疾而终。非物质文化遗产保护运动的兴起，也给我们一个启示，就是生活不像政治权力可以在一夜之间更替，它有自己的生命周期和渐进演变的规律。

从理论上来说，人们生活中有空间、时间两个轴。空间是我们可以体感到的：比如生活的空间、工作的空间、娱乐的空间等。时间相对抽象，看不见摸不着。但是我们可以通过一些具体的行为来让时间可视化。节日就是这样，它实际上是赋予时间意义的一个重要方面。如结婚纪念日、春节、端午节，我们在不同的节日里，通过举行不同的仪式等，让特定的时间成为一个记忆的节点，节日就像连绵无尽、看起来均匀不变的时间长河中的码头，人们在这里可以停留喘息，也可以驻足回望，还可以戏水娱乐，然后再向下一个码头进发。

节日可以分为两种，一是公共节日，也就是社会集团共同度过的节日，比如春节、清明节、五一劳动节、三八妇女节。一是个人设定的节日，比如生日、结婚纪念日、金婚银婚纪念日等。每个人都有自己的节日，这也是赋予自己生命意义的一个行为。社会集团通过庆祝同样的节日，在文化上找到认同，从这个意义上来说，节日有很强的政治意义，过什么样的节日，怎么过节，都和时代、社会的状况有很大关系。经历过建国、或者"文革"的人，可以通过比较前后不同的节日状况理解这一点。

中国的节日文化，在很长时间对东亚国家有很大影响，日本、朝鲜半岛、越南、琉球王国等，都曾和中国过同样的节日。近代以来，情况发生了一些变化，我们这里主要讨论日本的节日变迁和现状。

二、日本的节日变迁

日本在1868年明治维新之前，使用的是源自中国的阴阳历，这是一种兼顾太阳、月亮与地球关系的历法。阴阳历以月亮绕地球一周为一个月，但设置闰月，使得一年的平均天数与回归年的天数相符，因此这种历法与月相相符，也与地球绕太阳周期运动相符合。因为采用和中国一样的历法，日本的节日也和中国基本一样，旧历新年、端午节、七夕等，虽然在过法上有些节日根据日本的状况有所更易，但是基本格局相同。明治维新之后，日本实施"脱亚入欧"的国策，开始全面吸收西方的文化制度。这个意识实际起源于江户末期，日本的知识分子到了上海，看到原来他们尊重的中国人就像奴隶一样被洋人欺凌驱使，觉得要是自己不变革，也会是一样的命运。所以他们要改变所有的制度，甚至还有与洋人通婚以改良人种的想法。

作为西化政策的一部分，日本在明治六年（1873年）采用格里高利历，俗称公历或阳历。日本的改历的理由主要有两个，其一，在明治天皇的改历诏书中提到，阴历体系很多关于日子的凶吉解释纯属迷信，违反科学；其二，阴历有闰月，较为繁琐，应该修改。另外也有资料提到日本改历有两个目的。一个是出于科学的考虑之类的冠冕堂皇的理由；另一个很现实的原因是财政困难。因为阴历是有闰月的，所以每逢闰月，还要多发一个月工资，这对政府而言是一笔很大的支出。但实际这些都不是最主要的原因。即使没有这个因素，改历依旧是必然的趋势。

改历之后，原来的中国节日开始日本化。日本开始设定一些与天皇、日本神话有关的节日。日本原来有两组重要的节日，一个是五节供，一个是盂兰盆节。所谓五节供，是来自中国的五个最重要的节日：这五个节日是，一月初七，即"人日"、三月初三，即"上巳节"、五月初五，即"端午节"、七月初七，即"七夕节"、九月初九，即"重阳节"。原本日本重要的节日也是这五大节。

盂兰盆节在阴历七月初一，按照道教说法，在这一天，地狱之门打开，并在十五日后重新关上。按照佛教的说法，盂兰盆节要举行法事超度恶鬼，也是一个重要节日。明治政府改历以后宣布，从此之后，日本不再过这些节日，而增加了一些老百姓原本不知道的如天长节等节日，自此，日本的节日体系开始了脱中国化，逐渐和中国文化脱钩。源自中国的传统文化节日已不再被纳入国定假日的时间系统，处于一种自然传承的发展状态，如端午、七夕等传统节日和节气，只是各自在应节时，民间自发举行活动。

虽然公历由中央政府采用行政强制力推行开来。政府机构、公共设施都以公历为时间管理的基准。但在民间，传统的惯性依然保留了相当长的时间。

1889年（明治二十二年），也就是改历新政公布了16年的时候，有调查表明，新政顺利实施的只有东京和京都等大都会，其他地区几乎都过旧历新年。到1946年，同样的调查表明，农村过阳历新年的只占43.6%，过旧历新年的加上两者兼过的达到48.8%。中央政府的改历诏书发表以后，各地方政府也配合中央政府的政令，废除了一些传统的节日。比如，山梨县曾下令废除传统节日，发布命令"从此立门松，节分驱鬼等"一应废止。明治六年新设元始祭、新年宴会、孝明天皇祭、纪元节、神武天皇祭、神尝祭、天长节、新尝祭，明治十一年又增加了春秋皇灵祭。从明治六年11月3日的天长节以后，各家节日挂太阳旗开始成为自上而下的新风俗。但是民间并非马上就接受了这些新的节日。当时的《东京日日新闻》有如下报道：

"这个天长节各户虽然也挂出了国旗。但是百姓们一如往常，工商农各业照常运作，人人为生意活计奔忙。倒是旧历的重阳节，人们都蒸红豆饭、买酒

烧鱼庆贺。"(《东京日日新闻》明治六年11月27日)

和国定的节日相比,废止的九月九日重阳节活动,在民间还很有市场。对旧历节日的执着,一直在持续,直到明治末年,还有这样的论调:"废止了五节句盆等重要的日子,去庆祝谁也搞不清楚的什么天长节、纪元节,4月8日是释迦的诞辰日,盂兰盆节16日是地狱的盖子打开的日子,这些连打狗的孩子都知道。而纪元节、天长节的由来就连那些官老爷都搞不清楚。",这些反映出日本社会对新节日的抵触。

在日本民间还有一些过渡折衷的做法。比如旧历和新历的日子为同一天的,将旧历的日子改为新历举行。1950年代以后,随着经济高速增长,日本农村的社会结构发生了根本性变化,阴历的各种习惯才逐渐消失。

战后日本继续采用阳历,对一些节日,作了一些调整,特别是容易和战争、军国主义产生联想的祭日。先后废除或改名,比如著名的四大节:分别改为元旦、建国纪念日、天皇诞生日和文化节。(参见下表)

	制定时期 日付	明治时期	大正时期	昭和时期	现在
四方拜	平安时代初期 1月1日	成为国定节日 称为四方节	→→→	战后成为天皇家私人活动	元旦 1月1日
纪元节	1872(明治5)年2月11日	1872(明治5)年以神武天皇即位之日制定	→→→	1948(昭和33)年废止 1966(昭和41)年恢复	建国纪念日 2月11日
天长节	1868(明治元)年11月3日	明治天皇的生日 11月3日	大正天皇生日 8月31日—10月31日	昭和天皇生日 4月29日	天皇生日 12月23日
明治节	1927(昭和2)年11月3日			明治天皇生日 1927(昭和2)年制定 1948(昭和23)年废止	文化节 11月3日

经过不断调整，日本现行的法律规定的国定假日如下：

1月1日：元旦

1月第二个星期一：成人节

2月19日：建国纪念日

3月20日或21日：春分

4月29日：绿色之日（已故昭和天皇的诞生日）

5月3日：宪法纪念日

5月4日：国民休息日

5月5日：儿童节（端午节）

7月20日：海之日

9月15日：敬老日

9月22日或23日：秋分

10月第二个星期一：体育日

11月3日：文化节已故明治天皇的诞生日

11月23日：勤劳感谢之日

12月23日：当今天皇的诞生日

有一些日子虽然不是国定假日，但民间还是有一些节庆活动。这些民间节日不放假，主要有：

2月2日：节分，立春的前一天，撒黄豆，招福驱鬼。

2月14日：情人节

3月3日：偶人节，又称桃花节，是女孩子的节日。

5月第二个星期日：母亲节

7月17日：京都祇园花车游行

8月6日：广岛原子弹爆炸纪念日

8月15日：终战纪念日

8月中旬：盂兰盆节

8月16日：京都大文字送灵火

9月1日：防灾日，纪念关东大地震

11月15日：七五三，为7岁、5岁、3岁的孩子过节。

12月25日：圣诞节

12月31日：除夕

三、当今日本主要节日

新年

日本本州的新年

东京地区的新年,虽然由阴历改为阳历,其做法依然保留了很多日本传统民俗做法。大体有如下几个过程:

一是大扫除。约在12月13日。日本人有拂尘的习惯,也就是大扫除。把家里的榻榻米掀起来敲打出尘土,屋顶等平时打扫不到的地方都要打扫干净,来迎接年神的到来。但是,拂尘是为了迎年神的说法却已经逐渐被忘却,对大多数日本人家来说,拂尘就是一个清洁卫生的活动。而且从时间上也推迟到了12月30日前后。这期间,还要准备在门口装饰的门松和屋内摆设的镜饼,镜饼是一种年糕,从初一开始摆到正月十一日,然后吃掉。

二是准备年夜饭。这同样是一个重要的工作。日本的年夜饭是越年荞麦面条,一人一碗荞麦汤面,高级一点的里面放炸虾等天妇罗,这个习惯据说起源于江户时代。为什么过年讲究吃荞麦面,原因有三个,第一,荞麦面比一般的面条容易断,吃了就可以和去年的烦恼、厄运一刀两断。第二,面条长,寓意长寿。第三,吃荞麦面还有预祝发财的意思。以前,日本金匠在加工金器的时候会有细小的金粉落下,出于节俭,他们会用荞麦面团把金粉沾起来回收,所以荞麦面就有了发财的意思。

12月31日除夕,还有一个重要的活动——去附近的寺院撞钟,要撞108次。大家排队一人撞一下。按照佛教的说法,人生在世,烦恼无尽,用108这个数字来代表。撞一下钟少一个烦恼。

日本的年饭称为"节供料理"。据称该习俗起源于两百多年前的江户时代后半期,由日本皇室流传到民间。主要有煮黑豆、红白色鱼糕、干青鱼子、海蜒、海带、栗子、鲷鱼、橙子、牛蒡、芋头、胡萝卜、龙虾、海胆等。这些食品的发音往往和一些吉祥如意的词汇相同或相似,过年食用这些食物,也有"讨彩头"的意思。比如黑豆的发音在日语中有认真的意思,干青鱼子和橙子意味着子孙后代繁荣兴旺,海带意味着欢喜高兴,牛蒡则是希望身体健康强壮,虾象征长寿,鲷鱼代表吉祥如意等。原来年饭通常是各家自己做,市面上没有出售年夜饭的。但是到了1960年代后期,百货店开始出售成品年夜饭,其销量连年增加。现在很多家庭已经不再自己制作年夜饭,而是买现成的。在大的百货店,均可以买到全国各地的不同地方特色的年夜饭。不仅如此,菜式也已不局限于日本料理,还可以选择中式、西式的菜肴，也有日中西三者合璧的。

作为现代日本正月的一项娱乐活动，除夕晚上有一场名为红白歌会的歌舞晚会电视节目，这是日本唯一的公共电视台NHK主办的娱乐节目。参加者为当年走红的歌星，女为红、男为白，男女一对一轮流出场，演唱各自的主打歌曲，最后由观众投票选出当年的胜队。这类似于中国的春晚，逐渐成为正月的一个固定活动。

元旦的早上，首先要迎年神，要在年神降临的方向——惠方设置的年棚上系上注连绳，供奉镜饼和神酒。元旦的年饭首先要喝屠苏酒。日本的屠苏酒是用肉桂、桔梗、防风炮制而成的。据说正月头三天饮屠苏酒可以避邪，所以未成年者也可以破例饮此酒。

长辈给孩子"年玉"也是新年的重要项目。"年玉"原来的意思是"年神给人们的赐物"，如今演变成了给孩子们压岁钱。每年孩子得到压岁钱的金额及用途，也都成为新闻报道的话题之一。吃了年饭，就要去信箱拿亲友寄来的贺年卡。在新年邮寄贺年卡，也是日本全国性的习俗。贺年卡对日本人很重要，每年贺年卡开始出售都会成为新闻报道的内容，按照12生肖，不同年份印上不同的动物图案。大家买了寄给亲朋好友以及业务上有往来或者给自己提供帮助的人。

除夕夜和正月初一去神社参拜祈福，同样是日本人正月的重要活动。所谓"初詣"（はつもうで）中文译作初次参拜。初次参拜即到家附近最有影响神社或者佛寺（不包括基督教堂），即神灵所在的地方参拜。去许今年的愿，比如考上大学，婚姻美满，皆为世俗的愿望。原来这个习俗是参拜本村的"氏神"、"镇守"。如今大多是到附近有名的神社参拜。位于东京的明治神宫，通常是日本参拜人数最多的。拜神完毕，便要拜人，也就是给亲友拜年。一般是在年初二到初七之间进行。除了亲戚之间互相拜年外，以往还去给公司的上司、结婚时的媒人处拜年，如今已经很少有人去了，而以写贺年卡和送年礼的方式代替。

从正月初一到初七是大正月，也称"松之内"，初七称为"人日"，标志着大正月结束，开始进入小正月。初七这一天要把门松收起来，喝七草粥。所谓七草粥，是因为这种粥中含有七种蔬菜，分别是芹菜、荠菜、鼠曲草、宝盖草（又名接骨草）、蔓菁、白萝卜和鹅肠菜。据说这七种草本植物是早春发芽最早的植物，都有驱邪功能。因而用吃七草粥的方式来祈祷新的一年里身体康健、无病无灾。此外，由于正月往往暴饮暴食，而且运动不足，吃这种粥可以调节身体，有助健康。到了正月十一，要把供奉的镜饼拿出来捣碎加水，蘸上豆粉等吃掉。由此结束一年一度的正月。这个所谓人日，据说也来自中国，原来说的就是女娲造人，说一开始女娲还认真地捏泥人，后来来不及，就用绳子粘着黄土乱甩。一开始捏出来的泥人变出来的都是皇族和达官贵人，随便甩出来的后来都是老百姓，或者是缺胳膊少腿的残疾人。女娲造物有一个顺序：第一天是鸡，第二天狗，第三天猪，第四天羊，第五天牛，第六天马，到了第七天才造人。

在中国，人日节要吃七宝羹，现在，某些地方还保留了这样的习俗。另外还有上面说的七草粥。实际上做粥的材料并不一定是七种，也不一定是草，根据各个地方不同的物产，粥里的内容有所调整，比如名古屋附近的三重县就和南部的冈山县的不一样。从营养学的角度上，日本人认为它是养生的。总之，人日节在日本就变成喝七草粥的日子了。

冲绳的新年

和日本本州的新年习俗不同，冲绳地域呈现出独特的状态。新年有公历庆祝的"大和正月"和旧历庆祝的"冲绳正月"。在战前（1945年以前），冲绳人一直是过旧历年，战后受日本本土文化的影响，过阳历年的家庭日渐增多。但在过年的形式上，采用传统的方式居多。本来冲绳属亚热带地区，年际交替通常是6—8月之间，冲绳的主要节庆祭祀活动集中在此期间。但是，水祭和火神祭等重要的祭祀活动现在都安排在正月举行。

冲绳的正月活动，一方面受到日本本土的影响，一方面还保留着中国的文化残留，具有日本本土不同的特色。这对于了解整个东亚地区的文化交流具有重要意义。正月的准备工作大扫除从12月中旬开始进行，一般在12月24日（火神升天日）举行的居多，火神被认为是来自中国的灶神，传说12月24日，火神带着记录全家行为的账本回天宫言事，主妇们要给他供上酒和米，并上香祈求他上天言好事。正月初四是火神回家的日子，这天一大早要把灶台清扫，以迎接火神。在冲绳，祭祀火神的都是女性专司，男人不得插手。供品主要有酒、水、盐、淘好的大米、生米、插花、茶叶等，还要有大、中、小三个叠放起来的年糕。也有地方是供奉肉、鱼、糕点等。在冲绳有些地区，还有除夕不得扫除的习惯，因为那样会让福神逃走。门口的装饰物称为："门口"或"火神"，在神棚、佛龛、壁龛，用黄、红、白三色纸叠放，上面摆蜜橘、木炭、海带，还在容器里装大米或田芋（一种种植在水田里的芋头）。蜜橘象征黄金，田芋象征子孙繁盛。当地还有在佛龛前供奉农作物的。在八重山和津坚岛等地，有大年三十午后在庭院撒白沙的习俗。这个习俗的文字记载见于《琉球国由来记》（琉球王府编撰的地方志）。在鹿儿岛也有类似的风俗。

和本州年俗的一个重大区别是，冲绳没有制作年糕的习俗。最近受本土的影响，也有供奉镜饼的人家。作为正月的食物，猪肉是这里的主角。过去养猪就是为了过年，杀年猪是新年准备最重要的活动之一。如今受到法律的限制，正月杀年猪已经看不到了。在除夕夜，冲绳没有吃越年荞麦面的习惯，年三十白天全家在一起吃一种叫"大煮"的菜肴。这是一种把大块的猪肉、萝卜、海带一起炖煮的菜。年夜饭则吃一种叫"年骨"的菜肴。做法是将带骨头的猪肉和海带放在一起煮。有些地域还有在桌子上放大蒜的习惯，据说骨头和大蒜有驱邪的效果。这天晚饭的饭碗是不能洗的，否则会把来年的福运都洗掉。除夕夜被认为是恶鬼作祟的时间，所以不能睡觉，如果睡了会引起火灾以及灵魂被恶鬼勾去之类的灾难。正月初一第一声鸡叫以后，要去老井取水，称之为"若水"，取来的水供奉在火神和神棚、壁龛前面，在佛龛前，则供奉茶水。早餐后，全家人身着正装集中在正房，由户主和主妇代表全家向火神和佛龛祷告新年吉祥，然后给全家人行"水礼"。取若水的习俗在日本各地都有，但是，在冲绳，水祭是新年中最重要的活动，所谓"水礼"，就是在额头上蘸水点三下，祈望新年新生。冲绳的年饭和本土不同，主要以猪肉为主，还有赤豆饭、猪下水汤、海带、田芋、牛蒡、炸豆腐等食材做成的菜肴。拜年以本家和亲戚为主，到对方家的佛龛前上香或者呈上供品。正月的访问者男人为吉，女人为不吉，因此女性通常不拜年。孩子们通常放风筝，玩一种叫"手述"的玩具。初二到初五之间要举行新年农耕或渔业开始的仪式。农家一般用锹挖地三次，然后巡视自己家的田地，有的地方在院子里的锹等农具前面供丰酒和米。渔民则在年初二在船上供奉松枝、菜花、盐、酒等，祈祷海上安全和渔业丰收，然后在船主家举行宴会。地域共同体是单位举行仪式的地方，各户代表在祭殿集中，祈祷五谷丰登，在广场上点燃火堆，然后各户把新火带回各家。冲绳正月的一个特点是要庆生，给当年干支出生的人祝贺生日。家里有虚岁13、25、37岁等的人会设宴祝寿，一般从13岁到49岁的，在自家以家人为中心举行。61岁以上的人不论男女，都要邀请亲朋好友举行盛大的庆祝宴会。冲绳人认为，本命年是转运之年，容易发生灾异，所以要祈求先祖和火神保佑。现在有些地方已经在公民馆等地共同举行庆生仪式，伴有歌舞表演。正月十六称为后生正月，要举行祭祖仪式，这一天要祭奠家人、朋友中逝去的人。要带上年糕等供品去扫墓，祭祀三年之内的亡灵，称为新十六日。二十日是正月最后的活动日（正月终）。这一天要吃腌过的猪肉、田芋做成的菜肴，大家唱歌跳舞，来惜别快乐的正月。

华人社会的春节

提到春节，自然不能忽视日本华人社会的存在。虽然日本推行了新的时间制度，但是对于华侨过农历春节，基本上不予干预。在横滨、神户、长崎等华人聚居的区域，春节的各种仪式活动，成为当地文化的一种特色。每年春节，在横滨的中华街、神户的南京町、长崎的新地中华街，都要举行舞狮、舞龙等庆祝活动。通常日本称呼新年，都用"正月"或"元旦"这两个词。但近年来，春节在日本已经成为通用语。中华街举行春节节庆活动的宣传广告贴在车站街口，春节两个字伴随着驱邪的狮子舞、祈雨的龙舞，都成为了日本春节的象征。演出的不仅有华侨子弟，也有中日双亲家庭的孩子，甚至也有父母都是日本人的孩子。横滨中华街的横滨山手中华学校有一个狮子舞课外活动小组，由二十名左右的中日初中生组成。他们当中很多成员参加狮子舞的动机是"看了表演，觉得很帅、觉得好看"。在表演的时候，一些传统的做法也有所调整，比如点睛的鸡血用红色的颜料代替等。狮子舞的表演，已经成为横滨中华街春节活动的一大亮点。关西的神户市是另一个华侨聚居的地区。为了提高神户在日中友好交往中的知名度，神户的南京町从1987年开始举办春节祭。除了1989年昭和天皇去世以及1995年阪神大地震时中止过以外，一直举行到现在。

神户市市立兵库商业高中有个龙狮团，其水准在亚洲都是屈指可数的。团员有大约四十人，春节期间不仅在神户的南京町表演，还受邀去横滨的中华街表演。狮子舞和龙舞表演曾一度中断，但二十多年前又作为春节的节庆活动项目恢复了。起初交由专业的娱乐公司承办，后来改由当地的华侨和华侨学校负责此项活动。

近年来，横滨中华街也开始了一些新的举措。春节期间，当地幼儿园的孩子们会身穿鲜艳的中国民族服装，在中华街的店铺门口唱中日两国的歌曲。横滨中华街还开始举办化装游行活动，身着京剧戏装的一般市民也加入其中。对于很多人来说，过去的"看春节"变成了"参加春节"的活动。这些在本土没有的春节新习俗，已经成为当地华人春节活动的一部分。

位于九州地区的长崎，很早就以新地中华街的华侨为中心来传承中华文化。最初举办春节祭，后来为了吸引外地的观光客，又开办了夜晚灯会。1994年，春节祭改为长崎灯节，会场挂满各色灯笼，美轮美奂，由此吸引了大量的观光客，也成为长崎代表性的景观。长崎灯节每年有九十多万人到现场，会场上有当年干支的动物造像，还有当年值得纪念的人物雕像。比如2011年，为了纪念辛亥革命100周年，会场树立了孙文和梅屋庄吉的塑像。

横滨、神户、长崎三地的春节活动能够传承至今，很大程度上和三地的华侨聚居区、商业区的存在有关。横滨的中华街、神户的南京町、长崎的新地中华街都可以看作是春节习俗的传承母体，为这个传统节日提供了在异国传承的可能。

除了上述三个华侨聚居地，近年来日本新华人比较集中的中部地区也开始举办春节祭。以名古屋为例，2005年，以中国驻名古屋领事馆开馆为契机，在领事馆的支持下，当地的9家华人团体于2006年10月共同组成了"名古屋中国春节祭实行委员会"。经过紧张筹备，并获得爱知县政府、名古屋市政府、名古屋商工会议所、日中文化经济团体等各界的支持和支援，"2007年名古屋中国春节祭"在名古屋市中心广场成功举办。此后，规模年年扩大，时间由第一次的两天延长为三天，活动内容有狮子舞、杂技、武术、中国歌舞表演，还有中国的饮食文化、书法表演、中国物产展销、中国观光介绍等。名古屋春节祭的举办，对当地华人共同体的产生具有特殊的意义。一般来说，海外的华人从移住的时间来分，有战前的老华侨，还有改革开放后以留学生为主的新华人。按出身地来分，来自大陆各省市、台湾、香港、澳门等地的均有，按职业上来分，有留学生、公司职员、研修生、自营业者、大学教员等。这些华人平时交集不多，各自以自身的生活圈子为中心进行社交活动。而春节祭为这些不同地域、不同身份的华人提供了一个构建连带感的平台。在活动中，老华侨提供资金和人脉资源，创业成功的年轻华人们负责总体的策划和运营，留学生志愿者负责游客的引导、维持秩序、清洁卫生，企业的研修生则参加龙舞表演、秧歌大会等，在日的华人艺术家则无偿表演文艺节目，使领馆还帮助从国内聘请来专业歌舞表演团体。这对于增强日本华人社会的自我认同感起到了积极作用。同时，春节祭的成功举办，向日本社会展现了华人在当地的新形象，对宣传中国文化也起到了积极的作用。

上巳节

起源于中国的上巳节，是一个沐浴的节日。按照阴历，三月三已经进入春天。按中国传统说法，冬天到春天一般非常容易染病。冬天过后，万物滋生，不仅有很多细菌、病毒发生，而且有很多鬼也在这时出来活动。这时需要洁净一番，最重要的就是袚禊。"袚"即驱邪，"禊"即敬天。人们可以在节日中到水边洗洗澡，这不仅是人们生活中的问题，还是宗教活动中灌顶的节日，它是由女巫掌管的。以前的"巫"是人和神对话的中介，它具有通神的能力，被认为是神的代言者。

这个节日传到日本以后，持续到平安时代，即唐朝以前。日本人在插秧时候，要举行仪式迎接田神。日本山有山神，水有水神，田有田神。他们用纸来做偶人，并在它身上擦一擦，从河里放流下去。到江户时代，放纸人的习俗可能是出于环境的考虑而终止了，变成了装饰偶人的习惯。在日本，三月三现在是女儿节。家里有女孩子的这天要买偶人装饰起来，祝福姑娘健康美丽，将来有幸福的生活。偶人有的非常昂贵，要几十万甚至上百万日币，不是一般人能买得起的。另外，要摆下偶人也要一定的空间，而日本人家里一般不宽敞，因而，拥有这样的偶人需要一定的生活条件。

端午节

端午节也是很重要的节日。提到端午节，我们有这样几个关键词：粽子、龙舟、屈原。在日本，会有一种用菖蒲进行的消毒活动。菖蒲，是一种和艾草有同样功能的植物，它的发音和日语"尚武"一样，所以日本人的端午节也是男孩的儿童节，即要培养武士道的精神。日本人还要做鲤鱼旗，鲤鱼的传说也是从中国来的，由"鲤鱼跳龙门"可知鲤鱼是生命力很强的鱼，日本人认为男孩应当像鲤鱼一样逆流而上，如果能跳龙门，就能成就一番事业。如果你在端午节前后去日本旅游，就会看到很壮观、很漂亮的景色——满街的鲤鱼旗。如果在阳台上打出鲤鱼旗，表明家里有男孩子，家人希望他能够健康成长。

日本也有粽子，形状和我们的不一样，比中国的粽子细长一些。另外，在冲绳的一些地方也有赛龙舟的活动。

七夕节

七夕也是源自中国的习俗节日。七夕在奈良时代710年传到日本。七夕背后即牛郎织女的传说。牛郎织女最后被王母娘娘以一道银河分开，一年只能见一次，七月七日喜鹊搭桥，牛郎织女相会，这是个非常哀婉的爱情故事，所以一些人把它作为中国的情人节。其实在古代，这一天更重要的是"乞巧"，这天很多女孩要供奉织女，以求赐予她们灵巧的双手来刺绣、纺织。

日本人这一天会用五种颜色的竹条写上心愿。据说五种颜色代表金木水火土五行。人们在竹条上写上自己希望实现的目标。到了现在，工具不再限定是竹条了。商店、医院、学校等都会在门口或里面摆放一个假树，上面挂满五彩缤纷的彩条，谁来都可以写下自己的心愿挂在上面。2011年日本发生大地震和海啸，灾区仙台受灾严重，因此这一年的七夕，很多人的心愿是希望东北地区能够恢复、重建，这一年的七夕节，灾后重建成了大家共同的心愿。

盂兰盆节

中国道教讲七月是鬼月，七月初一地狱门开，亡灵来临，十五号返回地狱，这一天要举行很多祭祀仪式来替鬼魂超度。冲绳地区的文化和中国文化很接近，仍保留在七月十五日过盂兰盆节。明治维新后，日本很多地方开始在阳历的七月十五日过节，现在，日本的大部分地区则在阳历八月十五日过节，是因为阴历阳历一般差一个月，八月中旬，大部分的公司都放假，让大家回故乡探亲扫墓。

盂兰盆节主要是要迎接故人的灵魂。为了迎接亡灵归来，人们要准备一些"交通工具"让神灵来，例如精灵马。这种"交通工具"不仅有马，还有牛，来的时候用马，因为快；去的时候用牛，意味着慢点走。另外精灵船也是他们的工具，船上有物品，需要放流。这类似我们烧纸给在阴间的人，以供他们的消费。

节日，一定要有仪式性的令人快乐的活动。所以八月十五日前后，每个学区的小学都会举行学区内的盂兰盆节舞会，晚上大家穿上清凉的浴衣，围着圈跳舞。边上有卖各种小吃，如炒面、鸡肉串、烤香肠、清凉饮料等。这是日本8月中旬很重要的活动，特别受到孩子们的欢迎。

日本的节日习俗非常丰富，以上仅仅介绍了几个和中国有关的节日。从中我们可以看出中华文化在日本的影响，也可以了解这些习俗日本本地化的一些特点。事实上，文化的传承和传播是相辅相成的。有很多时候，就像古人说的，"礼失求诸野"，有些在文化起源地消失的习俗，靠着传播到异地而保留下来。我们有时候要了解自己的文化，还需要到异邦去访风问俗呢。

中国传统节日在韩国的影响

徐赣丽

中韩两国的交流，从殷朝王族箕子在西周初年东走朝鲜并建立箕子朝鲜（公元前1066年）就已开始，至今已有三千多年。《汉书》中记载："箕子去之朝鲜，教其民以礼、乐、田、蚕、织。"[1]宋时，高丽王朝推行儒家文化并请求宋朝政府赠予"九经"。元时，王室与高丽联姻并派官员及文人从事汉文化传播，许多文人武将移居高丽。明清政府与李朝在政治上互帮互助，在经籍、仪礼、法律上相互切磋，在贸易上交流甚广。《朴通事》和《老乞大》作为朝鲜时代（1392—1910年）流行的汉语教科书中就已记载了元明两朝社会的风俗礼仪和宗教。可见两国有很深的历史渊源和亲密的邻国关系。

事实上，由于两国的地缘和交往关系，韩国的节日在发展过程中受到中国传统文化的影响。从对中国的岁时风俗传播和接受的实际情况看，韩国的节日习俗中或多或少有中国的影子。与中国相似，在朝鲜时期（1392—1910年），"正朝、寒食、端午和秋夕"被确定为韩国的四大节日[2]，分别对应中国的春节、元宵节、端午节和中秋节，在节日来源、称谓意涵和节日相关风俗、饮食上有许多共同之处。此外，清明、七夕等节日也相近似，正如《东国岁时记》著者洪锡谟所言："由于受到了慕华思想的影响，韩国的岁时风俗起源大部分在中国的风俗中可以找到"。单从祭祀和纪念日的名称及内容，以及上层阶级对中国风俗的接受度看来，中国风俗早已融入韩国的节日中。

一、舍尔——韩国的春节

韩国的春节名曰"舍尔"，为"舍尔纳尔"的简称。"舍尔"的"舍"，来源于韩语词词根"生疏"，表示对未来的或刚到来的时间很生疏的意思，还有新初、开始之意，类似于中文的"元旦"，取送旧迎新之义。

"舍尔"的语源是表示谨慎和安静的古语,用汉字表示为"慎日",意即需言行谨慎而小心度过的日子。韩国的春节也有多种名称,汉字写为"正朝、岁时、岁首、岁初"等等,有"新年的开头、岁首"的意思,也称作"历头、年初、开岁"。舍尔在礼俗、饮食和服装、民间信仰、民俗游戏等方面,与中国春节有同亦有异。

图1　春节挂福笊篱

1. 礼俗仪式

韩国舍尔亦是家人团聚的节日,全家聚集到长辈家中过年,父母去世后,就一起到长子家中团聚饮宴。现在越来越多的人远离家乡工作,但每逢舍尔仍不辞劳苦回到家乡,而造成节日期间交通堵塞。

挂福笊篱　中国春节的准备从小年开始,而在韩国没有"小年"的概念和相关活动。春联与贴福字是中国农历新年的特色,韩国舍尔却没有。韩国有挂福笊篱[3]的风俗,在一年新旧交替之际,挂上新买的笊篱即"福笊篱",预示着新的一年可以得到福气。如今的"福笊篱"是象征性的工艺品,制作小巧精致,挂一对在家中房门,既是祈福又可装饰房间。另外,为趋吉禳灾,韩国兴贴门排,类似于中国贴桃符。（图1）

图2　春节祭祀

守岁　舍尔有除尘守岁的风俗。韩国人在除夕时清扫房间,和中国腊月祭灶日扫尘和新年前沐浴斋戒相同,都有净化居住空间、以此驱走恶鬼、迎送神灵的象征意义[4]。当天,人们准备隆重而丰盛的年夜饭,家家户户点亮灯笼,熬夜聊天守夜到新年来临。但除夕夜是安静的,没有鞭炮声。当子时一到,人们就会以无比激动的心情打开门,迎接新年。

图3　岁拜

朝拜　韩国的宫廷在舍尔时有朝拜习俗。中国早在宋代便形成了官拜习俗,韩国的官拜习俗在形成时间上晚于中国。朝鲜时期过舍尔,韩国大臣们要向皇上新年问安、奏上贺文,百官之间互相拜年,形成官拜之俗,并在韩国的宫廷中至今沿用。

祭祀与茶礼 舍尔的祭祀是祭祖而非祭神，较为庄重，一般在长孙的家中进行茶礼并以和谐的氛围迎接新年。祭祀在木地板或大房间里进行，祭桌后放上屏风，桌上摆新年食物并供上祖先的神灵牌位（或将纸牌位供置屏风上）。摆放顺序是鱼东肉西、头东尾西、红东白西、枣栗梨柿、生东熟西、左饭右羹。人们在正月初一太阳初升时，全家人起床穿好漂亮的传统韩服，首先要做的就是向祖先行茶礼。祭祀先祖（四代以内的祖先）[5]是舍尔最重要的礼俗。人们为祖先倒上新酒，汇报一年来生活状况，并祈求全家在新的一年里幸福安宁。（图2）

岁拜 拜年，作为中国春节最重要的活动之一，也是韩国舍尔的重要内容，韩语称"岁拜/德谈"，主要是祭祀和崇礼，重要性和内涵与中国有很大差异。"岁拜"多在茶礼结束后进行，晚辈穿着韩服，依辈序向家中祖父母、父母等长辈行大礼，请安问好。行大礼时，右手放在左手上面，双跪叩拜。这时，长辈回赠晚辈压岁钱、糕点，说一些关于合格、升职、健康、财富等祝愿的话，谓之"德谈—辞年"。舍尔岁拜主要是表达对长者的尊敬和祝愿，家中的拜年结束后，人们也向村中长者和近亲岁拜，有三月之前向远方长者行岁拜的礼节。此外，也与姻亲或朋友互相写信祝福，向路上遇见的朋友作揖并祝愿新年快乐。（图3）

2. 饮食

韩国的上层阶级及贵族有在舍尔饮用椒柏酒和屠苏酒之俗，这是受中国梁朝以前饮用这两种药酒的影响。他们相信在正月初喝药酒能赶走怪病，且一年中免于邪鬼缠身而得到长寿。

舍尔的节食是年糕。年糕是在粳米的基础上加入面粉蒸制后放在糕板捣后，用手揉成圆状，再用刀切后煮制而成。在韩国，年糕汤不仅是摆在茶礼桌上供奉祖先的主食，也是人们新年早上必吃的食物。所以人们也会礼貌地以"你吃了几碗年糕片汤？"来询问年龄。韩国人在舍尔必须吃年糕汤的原因有三：一是年糕是增岁饼，作为成长的真实记录，只有吃了年糕，才能长一岁。二是古人崇拜太阳，圆片象征太阳，有迎接太阳、辞旧迎新的意义。三是圆年糕代表铜钱，表达人们收获财富的愿望。

除年糕外，新年早上还吃各种各样的米糕、绿豆煎饼、药食、油蜜果、饴谷果冈、柿饼、米酒等食物。作为韩国普及甚广的传统糕点，油蜜果是用麦粉蜂蜜、食油、姜汁、桂皮水、胡椒粉、松子、红枣等，以花模子印出漂亮造型，口感柔软，色泽金黄，古代由于制作材料昂贵，只有皇宫贵族享用得起，是祭祀大典中的重要祭品，如今已成为专门的技艺。饴谷果以糯米、蜂蜜、食油等为材料，可空心或加入坚果，形式多样，色泽丰富，是韩国人祭祀或婚礼必备的点心。(图4)

此外，韩国人在每年农历正月初四中午，有全家一起吃冷面的习俗[6]。传说这天吃面可以"长命（面）百岁"，故冷面也称"长寿面"。冷面的主要原料是荞麦面、小麦面和淀粉，也有用玉米面、高粱面、榆树皮面和土豆淀粉，煮熟后用凉水冷却，加香油、辣椒、泡菜、酱牛肉和牛肉汤制成，清凉爽口，味道鲜美。

3. 娱乐活动

韩国舍尔期间有许多传统游乐活动。传统游戏主要有掷柶、投壶、跳板、抽陀螺、放风筝、踢毽子、滚铁环等。其中，男孩喜欢放风筝，女孩喜欢玩跳跳板，而掷柶则男女老少咸宜，是韩国家族亲戚或同村人常聚在一起玩的游戏。

韩国的风筝外形是四角方形且中央有一个圆洞。古人以将风筝高放至空中并剪断风筝线来送厄迎福。当代韩国人相信风筝寄托希望，以风筝高飞作为新一年万事如意的祈祷。人们将心愿写在风筝上，把它放到高空中后剪断，希望美梦成真。此外，也有类似于中国的斗风筝之俗，用风筝线相互比斗，直至对方风筝的线断飞落。

跳板是韩国女性喜爱的游戏，游戏时，两人分别站在长木板两端，木板以稻草袋作为支点，一方用自身跳下的脚步冲力压起木板以使另一端的人借冲力跳至空中。《京都杂志》曾记载妇女在宽木板上跳舞的游戏，称之为"板舞"。作为韩国妇女具有代表性且固有的民俗活动，她们认为跳板能使身体得到锻炼，如谚语云："正月里来跳跳板，整年脚板不进刺。"

掷柶的工具形式多样，依人数可有不同玩法。道具是四片木板（一面记号，一面为白板）、打着对角线的正方形棋盘和多个棋子。分队后，按各队顺序各将所有木板同时抛入空中，据木板的朝记号面数决定棋子在棋盘上走几步，以全部棋子最先通过终点的一方为胜。据中国文献记载，掷柶可能起源于三国，但无法确定，不单是游戏，也是占卜庄稼收成的一种形式。

投壶是中国古代盛行的游戏，后传入韩国宫廷并流传至民间。现在韩国各种传统文化传播场合很受人们的欢迎。玩时，站在一定位置向壶瓶中投箭，最后以投入壶中箭数计算得分。

二、上元节——韩国的元宵节

元宵节在韩国称上元节或正月十五节，当天是一年中第一个月圆之日，也是一个重要节日，但不放公假。韩国有"春节的鞠躬行到元宵节"的俗话，可见舍尔与上元之间是彼此连贯的。韩国上元节起源于古时本土对月亮的崇拜。近古时候，韩民族因与农耕社会生产的联系而最崇拜上天、太阳和月亮，以圆月为特别的象征，所以，人们在满月当空的夜晚欢聚一起，吸收月亮的生机，载歌载舞举行庆典，一年中第一个满月的正月十五日也成为一年之中的大节日。目前韩国仍保存有在上元前后举行村落共同体仪式的习惯。据调查报告，40.6%的节日游戏都集中于上元。

1. 民间习俗

争挑福水（挑龙蛋水） 正月十五清晨，天还没大亮，妇女们只要听到第一声鸡鸣，就争先恐后头顶着水罐到水井或泉边挑福水。她们用瓢把倒影在水面的圆月打上来，并小心翼翼地装在水罐里挑回家。她们认为这不是普通的水，而是珍贵的"龙蛋"，谁最早把它取回自己家，当年的庄稼就能大获丰收，全家平安幸福。

卖暑 清晨起床，小孩子们一见面就呼唤对方名字，然后喊"买走我的暑气！"认为谁先说出这句话，就会在当年夏季免遭酷暑之苦，以此达到整个夏季无病的愿望。

藏农具和偷扫帚 上元前日，各家把院里的粗绳、锄头、斧子、铧子等全部收拾进仓库，不让人们看见。据说，正月十五看见簸箕将打坏犁铧，看见筐将遇见老虎，看见粗绳将遇见蛇。另外，当天凌晨有让孩子到富裕人家"偷来"扫帚扫自己家的院子的旧俗，大概源于庄稼人扫除穷气、过上好日子的愿望，现在已几乎不见。

迎月望月 民间传说谁最早看见新年第一个满月，当年就会交好运，所以每到上元傍晚，男女老少不顾天气寒冷，举着火把纷纷登上高处，盼望满月升起。人们朝月施礼叩头，祈祷福分。据老农经验之谈，上元日望月可预测年景旱涝：月亮发红则干旱，月亮发白则水涝；视觉感丰厚则预示当年有望丰收，相反则预示灾荒之年，月亮升在高处则预示着当年山上的庄稼有望丰收，在低处则当年水田的庄稼有望丰收。（图5）

图4 节日食品 黏糕　　　　　　　图5 上元望月祈福

踏桥　自古以降，上元晚上迎月望月之后，人们不论男女老少和贫富贵贱在月光下踏桥。踏桥也叫跺桥，韩语中"桥"和"腿"同音，意为练腿。据朝鲜时代的记载，踏桥是从中国唐朝传入的风俗，中国人踏桥是为了避免灾难，传入韩国后有延续，也有本土化的演变。踏桥时，人们须按自己的年龄在桥上往返，次数须与自己的岁数相等，以强身健体和祈福禳灾。踏桥一回，就可换来一年到头腿不疼；也有按一年十二个月，踏十二座桥的，就能抵挡十二个月的厄运，带来全年的平安健康。

拔河　拔河在一村之中或村落之间举行，参加者可数十人至数千人不等。拔河的绳子用稻草制成，最粗的直径为60厘米。所有人分为雌雄两队，雌队在东，雄队在西，赢的那队寓意农事丰收，不得疾病。胜者的绳子是吉利的象征，拔河比赛结束后，人们都取一截回家扔在屋顶上，以保家人平安，而不论胜负很多人都期待好事降临，祈愿丰收和安宁。

放鼠火游戏　在韩国农村，上元还有放鼠火的游戏。等到明月升空，男孩子们拿着火把到农田中沿着田埂放火，以驱赶和消灭田中的鼠类和杂草中的害虫，亦有驱赶厄运、消灾避邪的含义。这种火，火势越大越好，预示着来年的丰收。燃烧后的草木灰还可作为来年的肥料。

2. 传统饮食

喝聪耳酒　在上元早晨喝的酒，称"聪耳酒"。十五早晨空腹喝聪耳酒，不仅能够聪耳，还能保证成年人每天都能听到吉利话和喜讯，孩子们听长辈的劝导而不走邪路等。

吃五谷饭和药饭　在上元喜欢吃药饭[7]之俗由来已久。据说，古新罗国，正月十五为"乌忌之日"，以五谷饭祭乌鸦。新罗年间的王在正月十五早晨前往天泉亭，突然飞来一只乌鸦，告知王宫内将会发生急变，于是避免了一场奸妇祸国之患。为报答乌鸦，此后每逢这天，人们做药饭吃，并把它撒到路口和地头，故又称"乌鸦饭"。另外，此俗还有占卜的意义，有的地方有将药饭拿到牛槽中，看牛先吃哪种便表示哪种粮食这一年能获丰收的习俗。药饭用泡过的糯米蒸制，再加入香油、蜂蜜白糖、大枣、栗子、松子、柿饼等，因原料比较贵，不易凑齐，一般以糯米、大米、小米、大黄米（或高粱、粟米）、饭豆五种做成"五谷饭"代替，以祈求当年五福临门、五谷丰收。

吃干菜　韩国人在上元要吃九种凉拌干菜，包括干蘑菇、干白菜、冬瓜干、干萝卜叶、黄瓜干、茄子干、干蕨菜、萝卜干、干辣椒叶等。因为他们认为"九"是最吉利的数字，而上元吃了这些干菜就能抵抗酷热，保证夏季不中暑，一年四季不得病，故又称"上元菜"。

吃坚果和固齿糖　韩国人在上元节早晨有咬坚果的习俗，如栗子、核桃、榛子，他们认为这样可在一年中不生烂疮。因为咬坚果和生疮两词的韩语发音相近，嗑坚果时发出的"咔"声能驱赶邪气、无病健康，而种子是生命的基本和生命力的象征，营养价值高，吃了就有力量。他们还在上元节用江米、大米、玉米、地瓜等熬制甜稀饭，以固齿保健。

吃福饭卷　为了在新的一年五福临门，获得庄稼好收成，韩国人在上元节还有用紫菜、生菜、白菜叶和山野菜包饭团吃的习惯，称吃福饭卷。

三、端午祭——韩国的端午节

韩国端午又称"上日"，从字义上解释为"初午"，因五月初五为两个阳数（即奇数）相遇而受到重视。韩国自新罗时期始将五月五日定为举国同庆的节日。朝鲜李氏王朝时，端午更成为当时的一个大节。传统端午节包含多重活动：京乡各地举行茶礼；妇女用菖蒲水洗发沐浴、洗面化妆，头戴用菖蒲根做的福寿簪；为避瘟疫和辟邪而喝益母草汁、煮白草；吃艾子糕或车轮饼；备餐点聚集在菖蒲繁茂的水边饮水；在大树下荡秋千，进行壮士角力比赛；在门上贴朱砂天中赤符、端午符；君臣间互赠端午扇等[8]。这主要是渊源和接受自中国古代端午习俗的影响，并在长期发展中逐渐融入韩民族文化，演变出具有本土特点的节俗。中国端午在唐时便成为重要的节日，宫廷中也有各种各样

图6 法圣浦端午祭海龙王

的庆祝活动，皇帝赏赐大臣扇子及其他礼物，士大夫为防止怪虫流行挂五毒符[9]。类似的民俗活动在韩国的许多典籍都有记载，他们亦很熟悉中国的伟大诗人屈原，对"端午"的解释也与中国的观念一致。

中韩两国的端午有较大区别。首先是名称和内容不同，中国端午节有如午日节、五月节、浴兰节、女儿节、诗人节等别称，主要内容有赛龙舟、纪念屈原[10]，吃咸蛋、粽子，饮雄黄酒，挂钟馗像，悬挂菖蒲、艾草、佩香囊、戴五毒包包，比武，击球，荡秋千等。这些在韩国的端午习俗中是不存在的，只有插艾蒿、以菖蒲水洗头之俗，在韩国有所延续演变。韩国端午祭的活动主要是祭祀、商业和娱乐。祭祀上，中国古代端午主要是祭天神和祖先，韩国则祭山神。韩国自朝鲜时期便祭拜山神以求行路安全，祭拜海神以求渔业丰收，祭拜部族神以求村落平安。韩国端午以祭祀仪式的完整而著称，迎神送神有专门的祭官主持，并有较为完整的一套程序。

1895年，韩国被迫采用公历后，端午习俗受到冲击开始衰退，后发展为地方民族祭祀的节日。随着韩国工业化、城市化的实现，现在很多地方已没有端午节活动了。江陵端午和法圣浦端午作为韩国东、西端午祭，延续了这种传统

图 7　端午祭海龙王

文化的脉络，每年仍有较大规模的活动。其中，"江陵端午祭"1967年被韩国政府批准为国家级第13号"重要无形文化遗产"，2005年11月25日又被联合国教科文组织正式确定为"人类口头和非物质遗产代表作"。韩国端午尤以江陵端午祭祀规模最宏大、历时最长。节日除荡秋千、摔跤、长跪比赛、举行假面舞剧、跆拳道比赛、高校足球赛、表演农乐舞等具有民族特色的演戏和游艺外，还包括祭山神、祭酒神、演巫术、伐神木等独特的祭祀仪式活动。（图6）

1. 祭祀

端午祭仪包括儒教式祭祀和巫术祭祀仪式两种形式。儒教祭仪以奉读汉文祝对的形式进行，祝祭的内容涉及除祸招福、健康安宁、治愈疾病、农渔丰收、禽畜繁盛等。儒祭之后开始的，是伴随歌舞戏剧表演进行的"巫俗祭仪"[11]，直至深夜。此外还有其他巫俗祭仪，据说有19种代表性巫祭活动内容，如不净巫祭、大关岭城隍巫祭、入座巫祭等[12]，都有相应的祭祀程序和仪式功能。（图7）

江陵地区的祭祀仪式繁琐而完整。端午祭的程序复杂，耗时较长，祭祀规模和活动跨度也较大。如从"前夜祭"（迎神祭）算起，一般要举行五个昼夜（五月初三至初七）；如从"山神祭"始至送神止，则历时二十多天（四月十五至五月初七）；如从"谨酿神酒"始，则长达一月有余（四月初五至五月初七）。其过程包括这么几项：首先要酿制神酒这种最重要的祭品，酿制的过程庄重而神圣，地方政府代表和民间团体代表均要参加；然后于四月十五按儒教的方式来举行大关岭山神祭和国师城隍祭；接着举行邱山城隍祭和奉安祭；阴历五月初三正式开始永神祭和"国师城隍行车"；主要祭仪是从阴历五月初四至初七每天早上举行的朝奠祭，由当地有德望的人主持，祈愿地方的丰收和安宁；阴历五月初七是端午祭的最后一天，要举行送神祭。

2. 娱乐活动

江陵端午祭的活动丰富多彩。除指定的祭礼、巫祭、官奴假面戏、农乐竞赛、儿童农乐竞赛、鹤山奥道戴歌谣（属于地区或国家指定的无形文化遗产）外，还有众多的民俗活动，如汉诗创作比赛、乡土民谣竞唱大赛、全国时调竞唱大赛、拔河、摔跤、荡秋千、射箭、投壶等；庆祝活动，如烟火游戏、端午放灯等；夜间活动，如国乐表演、伽椰琴弹唱等；艺术活动更是丰富多彩。此外，还有被称为"乱场"的商品交易[13]。

端午祭期间会举行许多比赛，最大的比赛是农乐比赛。农乐比赛按年龄分为小学生、初中高中和成人三组比赛，成人的比赛以村庄为单位进行。

演艺活动是在阴历五月初三至初七进行的，主要包括官奴假面剧、农乐、农谣、本地艺术团体表演。官奴假面剧是韩国朝鲜时代由江陵关押中的囚犯表演的，是一种无声的带有祭祀风格的民族剧，由六名着面具的舞者和若干乐师表演。

荡秋千是韩国妇女端午祭时的娱乐活动。在平安道最为盛行，这时人们穿上漂亮的衣服，准备好食物后聚在一起玩，有俗说："荡秋千的话，夏天不会被蚊虫叮咬，也不会中暑。"荡秋千分为多种形式，如较高度的荡秋千比赛、踢铃铛的荡秋千比赛、双人荡秋千的比赛。

摔跤则是男人专属的游戏。游戏中，双方互相抓住对方的腿绳，运用力气和技能使对方倒在地上，需协调肢体并发挥瞬间爆发力才能赢得最后的胜利，经受多次挑战的人成为胜者，是韩国民俗中广泛流传的国宝级游戏。农耕时期，摔跤是在以端午为首的传统节日中进行的全国性活动，汉字写为角抵、角力、高丽技等。古时胜者还可获奖一头牛。

3. 饮食习俗

端午时，韩国人用碎的艾草叶和面掺合制成的食物叫做端午饼，因其外形像车轮，又称"车轮饼"。他们认为艾草对健康非常好，有长寿的功效。同时，艾草代表着招百福，具有杀虫防治害虫的作用，常插在门口用于避邪；在医学方面，它还有理气、暖身、祛湿等效。

四、秋夕——韩国的中秋节

在韩国，仅次于春节的第二大节日就是秋夕。韩国人对秋夕的虔诚和重视程度不亚于中国人对春节。秋夕为韩国的法定节假日，从农历的八月十五至十八日公休。韩国人极重孝道，秋夕子女能否回家拜见双亲长辈，是衡量子女孝顺与否的重要尺度，因而在韩国，这一天不论身在何处，即使再忙也都要赶回去，与家人团聚。秋夕最重要的活动是上坟祭祖，然后共享秋夕餐。节日期间，韩国几乎人人都穿韩服，既漂亮又舒服，更显浓厚的节日气氛[14]。

1. 由来

韩国的秋夕在阴历八月十五日，也叫秋夕节、中秋、中秋节、仲秋节、gayunar（嘉俳日）。同属东亚文化的中国、日本、越南、泰国也都把中秋当作重大节日。关于"嘉俳日（中秋日）"起源，最早的纪录是新罗时代第三代国王时的文献《三国史记》，国王把六部的女性分为两组，使王女统帅两组，阴历七月十六日开始在六府做织麻竞赛，一直做到阴历八月十五，根据质量和数量来决定胜负，输的一方为胜的一方准备酒宴。这天晚上，在皎洁的月光下，皇帝和文武百官及百姓见证比赛的结果，公主和妇女们一起通宵达旦地跳着圆圈舞、唱着会苏曲来欢庆。这就是所谓的"嘉俳"，后来变为"gayu"。韩国俗语说："不要多、不要少，只是像'hangayu'。"这句话是韩国人秋夕盛行的"吉祥语"。一年当中，秋夕是谷物丰收的季节，人们像希望一年都像圆月一样丰富满足地生活，秋夕的月是圆满的象征。

从民俗学角度来解释，秋夕是"拜月"的节日，月为"夜明之神"，它与

图8 韩国秋夕祭祀

图9 韩国秋夕扫墓

太阳同辉,有人称月为"夜间的太阳",与明朝人的"夜明"之称相同。后来人们意识到了要向月亮表示感激与敬意。因此,要在月亮最大最圆的时候准备隆重的宴席拜祭,向月祈祷丰产。(图8、图9)

2. 茶礼

秋夕是韩国人重视的祭祖节日,祭祀形式与舍尔有很多共同之处。秋夕当天,韩国人一家团聚后,便身着漂亮的韩服开始举行隆重的祭祀礼仪,把买来的和精心制作的各种美食,如牛肉、鱼、柿子、坚果等供品摆在祖先的牌位前,敬献祖先。接着去扫墓,祭奠亲人,然后子孙给家中长辈磕头,再共享美餐。在韩国,几乎做什么重大的事情都要先向祖先行礼,谓之"茶礼"(来自于"上茶的礼"),属于简单祭礼。秋夕拜祖先的供品要用新谷物制成,如敬献新谷物制成的松饼、新稻酒、新收获的果实于祖先牌位前,表达了对祖先的感恩之意,他们认为这年的丰收都是祖先恩德的结果。秋夕祭祖与一般的祭神仪式不同,表达的是对祖先感恩之意。秋夕的象征是圆月,类似于舍尔,阖家团聚并举行向祖先报恩的仪式。近代一般家庭祠堂消失后,只在春节、寒食、秋夕举行茶礼,延续至今。秋夕扫墓也是韩国人的必行项目,一家人到祖先的墓地拔草、修坟,并摆上中秋的食品行礼。

韩国人对祖先崇拜特别虔诚,节日到了,就想到祖先供品,陈设的各种饮食特别讲究,各地准备的供品基本相同,即鱼、肉、素菜、水果等。他们为祭祀祖先摆设的供桌也很隆重而讲究。秋夕时,供桌上要摆用刚收获的新米制作的饭、酒以及松糕,以及苹果、梨、栗子、红枣等时令水果。每一个供盘都高高地摆着供品,擦供盘也可谓一门技术。秋夕这天摆放的供品一般是白米饭和松饼,米饭是主食,松饼是主要糕类,也是特殊节食。在摆放祭品上有许多禁忌,如不可在祭桌上摆放桃,人们认为桃有驱鬼的作用;在茶礼中不使用名字中末字带"qi"字的鲜,如小鱼(韩音"mierqi")、带鱼(韩音"galqi")等;陈放的食物必须新鲜,以清淡和素色为主,且禁止在菜中放入蒜、辣椒等配料。陈设方式各地稍有不同,沿海地区多陈设鲜鱼,靠山区多陈设当地特产。

3. 节日饮食

韩国有在秋夕吃松饼和饮新稻酒的习惯,一直流传至今。松饼称为"oryo(拼音:偶若)songpian(松饼)",松饼是新稻米蒸出来的糕点。松糕的"松"字来源于制作松糕时一定要用的材料——松枝叶。松枝叶的作用有三:一是为了米糕相互之间不粘连,二是为了借用松枝特有的松香气,三是松枝叶形状如针而象征辟邪。做法是用开水和米粉揉好后放入馅,捏成好看的模样,在锅底部放入松枝并把带馅儿的米粉放在上面蒸即可。这样,松树枝的香味就会散发围绕在松饼的周围。馅的种类也有红豆、绿豆、栗子、大枣等多种。韩国的松饼是蒸出来的,呈半月状;捏松饼时,将自己的愿望包在饼的中间,放了馅后,包起来成半月状以免愿望跑掉。韩国人通常全家围在一起捏松饼,并互相比谁做的更好看。他们相信谁捏出好看模样的松饼,谁的配偶和儿女就会长得漂亮。除松饼外,还有芋头汤、用栗子做的糕、蒸的鸡、煎饼类、华阳炙[15]等。(图10)

秋夕所做的饮食都是为祖先准备的。秋夕前一天,准备好陈设的所有供品。如果由于天气的原因不可能提前两天做好准备,饮食中干的东西一般节前一天准备,其余的饮食在节日当天早起准备,如素菜类和要蒸的肉、鱼等。节日的饮食,必须一道一道很诚心地做出来,因为做饮食的过程中人们也会得到祖先的恩德、福禄。糕和酒是茶礼和接待客人时不可缺少的待客食品。他们将秋夕的第一桌饭献给先祖,磕头行礼,以表孝心。祭祀结束后,一家人才围坐下来吃团圆饭。

节日期间,人们互送秋夕传统礼盒。礼盒中放的是韩国式的米糕点。不同的形状、口味和色彩的米糕,包装精致好看。有时也放较大的圆米糕,类似中国的月饼。

4. 游戏

秋夕时,由于五谷丰收、处于农闲,各种游戏也多了起来。传统有拔河、摔跤、歌舞等。

牛游戏 两个人披着草席,前方人拿着两根棍子,像个牛犄角,后方人缀着草绳,像个牛尾巴,跟着前方的农乐队,每家都转一遍,迎接农乐队的那户人家,给他们吃的东西,然后大家一起喝酒,载歌载舞。在转每户人家的时候,基本上每户人家都会给一些钱或谷物。类似中国的舞狮舞龙。

图10 秋夕松糕

ganggangSUle[16] "强羌水越来"是韩国最有名的一种游戏,在全罗南道南海岸和岛屿地方广泛分布和传承。游戏形态多样,以圆舞最具代表性。月圆之夜,妇女们身穿韩服,在较大空地中手牵手围成圆圈,一边转圈一边唱歌,直到凌晨。游戏不限人数,首先以缓慢的节奏进行而后来逐渐加快,先由嗓音好的领唱,随后其他人跟着不断地唱"ganggangSUle",多是婆家生活或织布时流传下来的民谣。游戏的起源有个传说,在壬辰倭乱时,李舜臣将军与日军作战时兵力不足,为了迷惑敌人而让女人们在山上跳舞。远处的敌人以为有很多士兵便停止了进攻。之后它便成为在国难当头时摆脱危机和统一民心的歌谣。(图11)

阮游戏 像现在的模拟裁判,过去由私塾里的学生组织来玩。游戏的方法是在学生当中选定诉讼人和被诉讼人进行游戏,其中裁判员叫阮。学生之间拟定一件难判决的诉讼案,阮利用历史记录和故事最后作出明智的判决。游戏以公正、明智的判决避免无辜,为民众生活带来启迪,给民众生活增添信心。

图11 强羌水越来

四物游戏 农乐队是节日中不可缺的热闹游戏。农乐队以长鼓、大鼓、小锣、大锣四种为乐器,为假面具的游戏作伴奏,是一种带歌、舞、戏剧等的综合艺术,称"四物游戏"。有的商家开店也请玩一场"四物游戏",热闹一场,喻示往后的生意红红火火。

五、其他

除了以上四大节日,韩国也过其他传统节日。如四月初八,这天所有寺庙都要举行斋戒、诵经、点灯。信佛教的家庭也要点灯笼,家里有几个孩子就要点几盏灯。

韩国人的清明节,上坟扫墓是最主要的活动。在《高丽史》记载中,清明节已有扫墓这一习俗,但在扫墓时,看不到中国人惯常的烧纸和烧香等祭祀行为。韩国人一般会奉上兰花,及新鲜的水果、艾糕和清酒等祭品,然后行祭祀。祭祀后,在坟墓正前方种一棵银杏树。人们还会对祖先的坟墓进行整理和修葺,让墓地更美观。

韩国的冬至习俗也是从中国传入的,但已有了本土化的发展。韩国人很重视冬至节,认为只有过了冬至,才会长一岁。韩国冬至节中最有代表性的食品就是煮红豆粥喝。煮好的第一碗红豆粥要先放在祠堂里祭祖。另外,在房间、厅房、仓库等地也要供奉红豆粥,并将红豆粥洒在大门上、墙壁上等。最后是全家人喝红豆粥。他们认为恶鬼害怕红色,所以可以用红色的豆粥来消厄辟邪。这与中国某些地区的腊八粥习俗相似。除煮红豆粥外,韩国人还在墙上和柱子上贴咒符,大多写一个表示蛇的"巳"字,认为以此可驱鬼、预防灾厄。

民俗文化是动态传承的文化,它从一个地区向另一个地区或民族传播,往往用"采借"的方式进行。这种"采借"不是被动的,而是主动地、有选择地接受和传承,同时结合本地区、本民族的需求加以改造,并植入本土文化之中,使其成为本民族文化的一部分。从本文对韩国的舍尔、上元、端午祭、秋夕等节日文化的论述看来,中国传统节日对韩国的影响,不是一般意义上的传播,韩国不是被动的全面接受,而是根据韩国民众的生活和需求做出的选择[17]。韩国端午祭在借鉴中国端午节的内容和形式时有了许多变化和取舍,如煮菖蒲汤沐浴的习俗,用艾叶入糕的习俗虽至今还保留着,但已渐渐淡出端午节。在节日的本土化过程中,也融入了不少韩国本土的民族特色。如儒教礼仪,以"孝"为核心的祭祖崇拜,乡土的巫文化,地方性民族饮食文化,游戏中珍惜集体参与的意识等等。

〔1〕 转引自杨昭全，何彤梅：《中国—朝鲜·韩国关系史》，天津：天津人民出版社，1997年版，第14页。

〔2〕 据《朝鲜王朝实录》中宗三年（一五一八）的记录，韩国的三大节日称为慎日（Seulnal，春节），戍衣日（Surinal，神圣日之意，现代的端午日），嘉俳（中秋）。

〔3〕 笊篱是韩国人用来捞米的炊具。

〔4〕 这是由于韩国舍尔与中国春节的共同起源。参见林宣佑：《韩国雪日（春节）传承的措施》，重庆文理学院学报（社会科学版），2007年第26卷第4期，第8、9页。

〔5〕 四代以上祖先不在家中祭祀，10月时祭祀一次就可以。

〔6〕 韩国人也有在正月十四日吃冷面的习俗，寓意相同。

〔7〕 五谷饭。韩国人认为凡是对人身体有好处的就都称为"药"。药食有助于身体健康，可以长寿。另外，他们称泉水为药水。

〔8〕 关于朝廷赠扇，在贞观十八年端午时，太宗对长孙无忌和杨道曰："朕今各贺君飞白扇二枚，以增美德。"北宋嘉佑年间，仁宗赠讲读官御书飞白扇。明清时，赐扇的风俗消失。由此可见，中国端午赐扇的习俗由来已久，且已流传到韩国，在宫中形成了节日习俗，并在韩国得到很好的保存和传承。

〔9〕 如洪锡谟在《东国岁时记》"端午条"云："男女儿童，取菖蒲汤颒面，皆着红绿新衣，削菖蒲根作簪。或为寿福字，涂胭脂于其面，遍插头髻以辟瘟。号端午妆。"又"五月条"云："五月五日，天中之节。上得天禄，下得地福。蚩尤之神，铜头铁额。赤目赤舌，四百四病，一时消灭，急急如律令。""端午俗名戍衣日，戍衣者东语车也，是日采艾叶烂捣，入粳米粉发绿色，打而作糕象车轮形，食之，故谓戍衣日"。作者还援引中国古籍对端午习俗作注释说明。该书还记载了端午采艾叶做打糕，采益母草晒为药用等。

〔10〕 韩国端午原本祭中国诗人屈原。但在新罗时期，出现了其他祭祀人物，且各地区祭祀不同人物。江陵地区纪念灭百济、新罗并统一韩半岛的金信庾，江陵人称之为大关岭山神；慈仁地区纪念民族英雄韩宗愈将军，后人因其功德而建庙；庆尚北道孝灵县纪念金信庾、苏定方和李茂将军，三人在灭百济都因军功受到人们的爱戴，成为端午祭祀的对象。

〔11〕 韩国人对巫术的崇拜可追溯到三国时代，高丽时代设有国巫堂，朝鲜时代极为盛行。因此端午时的巫祭成为民族文化的特色。端午的乡土祭祀中最有特点的是巫俗祭祀仪式，各种祭礼有25种之多。

〔12〕 杨林曦：《韩国非物质文化遗产保护制度对我国的启示——以端午祭申遗成功为视点》，《广西民族研究》，2007年第1期。

〔13〕 黄榴丹：《中国端午节与韩国端午祭比较研究——以中国庆阳与韩国江陵为个案》，西北民族大学，硕士学位论文，2007年。

〔14〕 故而韩国的传统服装也称为秋夕bim。

〔15〕 华阳炙是用香菇、桔梗、牛肉丝等，在细竹签上串起来后，先沾面粉然后沾鸡蛋，在火锅里煎出来的饮食。煎出来有几种颜色，一般祭祀时必备的饮食。
〔16〕 汉音：强羌水越来；重要无形文化遗产第8号。
〔17〕 陶立璠《中韩端午习俗的比较话题》，提交在台湾召开的"国际亚细亚民俗学会第12届学术大会"的论文，缩写版曾在台湾《国文天地》313期发表（2011）。全文见其民俗学博客及中国民俗学网转载。

中国少数民族传统节日的基本传统与『进城』问题

林继富

关于传统节日的话题，大家都不陌生。我们都是在传统节日里成长起来的，并且在传统节日时间的作用下不断被社会化。传统节日作为生活的节点不断循环，成为生活的重要组成部分，从而形成了我们依恋传统的一种表达方式，以及传递幸福感的一种体现方式。

我国政府对传统节日的重视在过去并没有表现出来，往往将传统节日作为一种文化、一种习俗来看待。进入21世纪后，国家将传统节日的重视提到了一个非常重要的位置，2005年，中央宣传部、中央文明办、教育部、民政部、文化部等部门联合颁发了《关于如何运用传统节日来弘扬民族文化的优秀传统的意见》，这份重要文件认为，中国传统节日，凝结着中华民族的民族精神和民族情感，承载着中华民族的文化血脉和思想精华，是维系国家统一、民族团结和社会和谐的重要精神纽带，是建设社会主义先进文化的宝贵资源，对我国传统节日在弘扬民族传统文化方面具有的特殊作用进行了充分的肯定，并且以指导性的意见提出了保护中国传统节日的重要性和必要性。在这个《意见》里，特别提到了中国少数民族传统节日，认为少数民族传统节日是中华民族文化优秀传统的重要组成部分，是少数民族民众生活和情感的载体。当地各级人民政府要加强对节日的组织与引导，充分尊重少数民族的节日习惯，积极开展丰富多彩的民族节庆活动，进一步加强民族团结，维护国家统一，弘扬中华民族文化的优秀传统。在这样一个大的背景下，在全球化、多元化、现代化的社会背景和生活格局里，从中央人民政府到基层老百姓，都应该对中国传统节日，尤其是中国少数民族传统节日给予足够的重视和珍视。

进入21世纪，人们越来越意识到少数民族传统节日的重要性，但是我们知道重视归重视，少数民族传统节日还是在多元化、现代化的社会背景下传承、发展，并且面临着诸多的困难。中国少数民族生活区域，大部分在边疆、落后地区，诞生在传统的农耕、游牧文化背景下，以自然聚落为空间，以传统生产节律为时间的节日，难以适应现代生活节奏和现代交流性的多元关系空间，加上少数民族对传统的依赖较强，当与现代化生活碰撞的时候，一定会出现诸多的不适应。于是，少数民族的传统节日，就出现很多问题。本文主要就中国少数民族传统节日的重要性和丰富性、中国少数民族传统节日的基本类型、中国少数民族传统节日的基本传统和中国少数民族传统节日"进城"等问题谈一些自己的看法。

一、中国少数民族传统节日的重要性和丰富性

传统节日是中国少数民族重要的生活方式和文化传统，从早期特定时间和特定空间中表达的生活行为，到制度化和仪式化的民众聚会、交流的活动，始终在调节民众生活节奏，始终以特有的方式传递民众的生活愿望和情感需求。因此，传统节日在中国少数民族生活中不仅重要，而且呈现出丰富多彩的局面。

中国是一个多民族国家，也存在着不同的文化板块和文化走廊，这些文化板块和文化走廊上的民族传统节日具有不同的文化个性和文化特色，而在每个文化板块中的少数民族，因为生活地域和历史传统、宗教信仰等方面的原因，具有不同的个性和特色，由此形成文化的丰富性和多样性也就不难理解了。

中国境内生活着55个少数民族，这里指的少数民族是指被国家认定的，从20世纪50年代初期到1979年云南的基诺族被确定为中国最后一个少数民族，有近三十年的时间。但还有一些没有被确认的单一族群，比如说夏尔巴人，僜人等，我们今天没有将之作为单一少数民族来看待。每个民族有各自体系化的节日文化，它们与各自民族的生活融为一体，成为民族传统中最为绚丽的风景线，形成了多元化和多样化的传统节日文化。

少数民族传统节日的重要性。中国境内目前确认的55个少数民族，与汉民族一道共同创造了中华文化，也创造了中华民族丰富多彩的节日文化。在中华民族共同体内部，少数民族的传统节日多姿多彩，非常重要。第一，中国少数民族传统节日，是中国少数民族与汉族民众生活往来的主要内容，中国少数民族节日文化融合了中国少数民族文化与汉民族文化的生活关系。少数民族的传统节日，相当多的是在与汉民族交往过程中诞生的，比如端午节和中秋节等传统节日。第二，中国各少数民族生活间的彼此往来，构成了中国各少数民

族传统节日交流、融合关系的基础,成为各自民族传统节日诞生和发展的动力源泉。第三,中国少数民族民众的生活成为传统节日的重要内容,生活是传统节日的主体部分,或者说传统节日本身就是生活,只不过它是特殊时间段的生活。我们经常用的一个词叫"日常生活",在老百姓的日常生活中,其实分为两个节点,第一个节点为"日常生活",从早到晚一天的生活行为,它是惯常的,是普遍化的;第二个节点为"非日常生活",也就是仪式性的生活、是特殊时段的生活,比如孩子出生的仪式、结婚的仪式和丧葬的仪式等,这就是生命仪式性的生活了。传统节日也是仪式性的生活,比如春节、清明、端午、中秋等是在特定时段举行的,并非每天实践的,它是特定时段的生活,具有特别的意义,传递这些意义的则是特别的仪式,因此,这就是"非日常生活"了。第四,中国少数民族传统节日是中华民族传统节日的一部分,每个民族之间的传统节日在各民族生活交往中形成了相互补充、相互碰撞,从而组成新的传统节日。少数民族中间有大量属于自己的节日、属于自己的生活,民族和民族之间的节日构成互补互动成为中华民族节日体系的主要特征。

中国少数民族传统节日的多样性。中华民族有多少个节日?中国境内有多少个传统节日?目前并没有准确的统计,其实是可以统计的,这个统计需要有个时间点——"今天"有多少个传统节日?如果说中华民族有多少传统节日,有点麻烦,因为很多节日在历史上消失了,文献没有记载,也就没办法统计了。中国少数民族有多少个传统节日,同样也没有统计数字,但是根据目前出版的一些著作,通过几个数据我们可以大约窥及中国少数民族究竟有多少传统节日。第一本著作是20世纪80年代末期出版的,由李竹青先生编著的《中国少数民族节日与传说》里介绍了13个少数民族的111个传统节日;第二本著作是范玉梅先生编著的《中国的民族节日》里介绍了34个民族节日,后面附录了55个少数民族的603个传统节日。在《中国民间节日文化辞典》里收录了1700多个传统节日,其中包括中国台湾地区高山族在内的少数民族共1154个少数民族节日。那么,这三本著作可以说是从总体上、总量上统计的中国少数民族传统节日的数量,这个数量是就现有资料而言,至于那些流传在少数民族中间,没有被记录下来的传统节日还有很多。我们再看某一个地区,比如1984年,贵州省民委和贵州省文化厅编印的《贵州省民族节日概况一览表》,确认贵州省民族节日1046次处。贵州省一年中的民族节日达到490多个。我曾经编写过《藏族节日文化觅踪》,这本书中统计的藏族传统节日就有110多个。著作中的藏族包括西藏、青海、甘肃、四川、云南五大藏区。这个数字,并不是说每个藏族节日,所有藏族都要过,有许多传统节日只不过是地方性的。我们

图1　贵州黔东南独木龙舟节

再看一个民族地区，就是贵州凯里，这里是我经常去调查的地方，有学人统计，凯里的民族传统节日有133个，仅在凯里的苗族传统节日就有123个，这又意味着什么呢？苗族的支系较多，生活地域分布较广，不同地域和不同支系的苗族传统节日的数量之多可想而知了。（图1）

通过上面几本著作记录的总体数量的少数民族传统节日和一个地方传统节日的数量，充分说明了中国少数民族传统节日的丰富性和多样性。这些简单的数字背后，隐含了中国少数民族兄弟姐妹们的节日生活是令人向往的，他们在传统节日中歌唱，在传统节日中享受美食，在传统节日中释放情感，在传统节日中交流生产、生活经验，其超然的生活态度和自由的生活情怀，无时不在传递中国少数民族民众生活的幸福感和自豪感。

当然，中国少数民族传统节日的多样性在这里我没有展开，比如说节日里面的生活多样化，文化多样化等均是其重要的特征。

二、中国少数民族传统节日的基本类型

我要交代一下中国少数民族节日的类型，有很多不同的分法。很多介绍传统节日和一些民俗学的著作对节日的划分方法，可划分为祭祀性的节日、农耕性的节日、纪念性的节日等。我在这里没有用这样一种方法，因为中国少数民族传统节日是多元的，其发展也是在多元格局下得以完成，因此，我不想把这些传统节日碎片化。我在这里采取传统节日地域和内容相结合的分类方法，将中国少数民族传统节日划分为专属性传统节日和共有性传统节日。（图2）专属性传统节日。这里所说的专属性是指某一个民族或者某一个地区的传统节日，就是说只有这个民族或地区来过这个节日。以藏族"雪顿节"为例：每年拉萨的七八月份，藏族有一个"雪顿节"。这个节日在拉萨除了藏历年之外，是一年之中影响最大的传统节日，藏历年是所有藏区的藏族要过的年节，但雪顿节却不是，雪顿节只属于拉萨。雪顿节最早诞生于公元17世纪，它从哲蚌寺开始，逐渐发展到拉萨地区，并且由原来只属于喇嘛的节日，演变为喇嘛和拉萨俗众都要过的节日。其中有在寺院展佛仪式，有献演藏戏仪式，有吃酸奶仪式等等。尽管这其中的某一项活动在藏区都流行，比如雪顿节中的藏戏演出，不仅在拉萨，在拉萨以外的藏区也流行，另外除了拉萨雪顿节献演藏戏外，更多的是在此时举行的望果节，藏族农民也以献演藏戏来庆贺农业丰收（图3）。因此，雪顿节是藏戏节是不准确的。雪顿节必须具备展佛、藏戏演出和吃酸奶等三项核心的活动，这就只有拉萨才有，因此，说雪顿节是拉萨藏族的专属性传统节日是有道理的。今年3月份到云南文山的西畴县的上果村，村里有一个"女子太阳节"，节日里请太阳、祭太阳、送太阳的仪式均由女子完成，尤其是18岁以下的女子要沐浴之后才能迎接太阳，祭祀太阳。这是一个古老的节日，而在今天仍然传承在西畴上果村。在上果村除了壮族以外，还有汉族也生活在这个村庄里，尽管汉族家户少、人口少，但是他们却并没有融入壮族的传统节日"太阳节"之中，因此，西畴女子太阳节在民族杂居村落里，却呈现出鲜明的专属性节日特点。像这类专属性的传统节日在中国少数民族中数量众多，这些专属性的传统节日就是民族或地区特有的（图4）。

多民族共有性传统节日。中国是一个多民族的国家，其中有的少数民族聚居在一起，有的则呈现分散杂居状态。我在多个民族地区做调查的时候，发现若一个村里有多个民族生活在一起，在大部分地区很少区分哪一个民族的节日

就是属于某一个村落中生活的哪一个民族的。比如云南新平花腰傣的花街节，不仅新平的傣族过，而且在花街节期间，生活在这里的彝族、哈尼族和汉族也与傣族一道欢庆花街节，与傣族一样进行花街节的所有活动。在中国有三十多个民族要过春节，有些民族有两个春节，湖南的土家族，他们过一个"赶年"，在我们的春节前一天，但同样也过春节。所有这些意味着不同地域的民众共有的精神财富和文化传统，是值得我们重视的。

在多民族杂居的社区或村落，族系的观念较为淡化，地域性的因素表现得相当充分，生活在同一个地域的不同族群，分享着地理环境带来的福祉，也承受着自然生态带来的灾难，由此形成了共同的文化心理和信仰心结，并且彼此分享不同族群祖先创造的智慧。也就是说，在他们的现实生活中，尽管民族身份不同，但是在地域作用下，地域文化传统被民众所认同和接受，于是，多民族共有的传统节日就成为共有的地域文化传统的体现。

图2　西藏雪顿节

图3　藏族望果节

三、中国少数民族传统节日的基本传统

这里所讲的中国少数民族传统节日的基本传统，主要指传统的主题和传统内容。这里概括的基本传统带有普适性。无论是哪个民族的传统节日，都是人创造的，人与人之间没有那么多的差异性，更多的是共同性。我们研究文化，理解个人，都是从共同性的角度出发。今天很多人看待少数民族文化持猎奇的态度，认为有些文化是"奇葩"，其实就是文化的特殊性。也就是说，中国少数民族传统节日既有特殊性，也有共同性，那么，中国少数民族传统节日的共同性体现在哪几个方面呢？

图4 云南文山壮族女子太阳节

第一，欢聚团圆传统。追求团圆和美好是每个人的向往，在我们很多传统节日里都有表现，其中在过年时节显得特别突出。近三十年来我们发明了两个词，一个词叫做"春运"，为什么要运呢？春运做什么？因为大量的人口流动。为什么流动？因为对家的追求，对团圆的渴望。另外一个词，叫做"春晚"，即春节时候的联欢晚会。在过去，我们以前春节联欢是以家庭为单位的，传统的熟人社会，我们拜年，在村里跟乡亲邻里拜年，这就是熟人社会。那么，春晚的发明，似乎可以看做是传统的发明了，它使传统的熟人社会关系陌生化了，春晚中的舞台、屏幕以及演员，这些与我们之间有一道鸿沟。另外，它所贯穿的价值观，它所设置的节目，包含了很多权利、权力关系，我们在看的时候可能会接受。所以说近三十年来，"春运"和"春晚"的出现，是时代发展的必然，它们对中国少数民族传统节日影响极大。春节拜年的变化也很大，原来是登门拜年。如今我们有家庭的孩子们在国外回不来，我有的朋友在国外见不到，于是就发明了电话拜年、网络拜年。我们注意到，节日的核心传统元素没有丢，只是换了一种方式，但也会丢掉一件东西，那就是情感。现在我们很多老年人每年守传统社会意义上的"家"，希望孩子们过年的时候能回来，加入春运的队伍。我们"春晚"也是为了维系现代社会家的团聚的传统，因此，为了适应现代社会，不管传统节日文化发生了怎样的"巨变"，其民众渴望团圆的传统一直延续着。

第二，伦理道德传统。中国优秀的传统文化里面，忠孝、诚信、礼义、廉耻等是中国传统价值观的精髓。这些价值观在传统节日里面得到了明显的体现，过年首先要给长辈拜年，要给长辈，尤其是年龄较大的长辈以特殊关怀。在中国少数民族，还有专门为孝顺老人产生的节日，比如朝鲜族的回甲节，是专门为庆贺60周岁老人举办的节日。重阳节也是以尊老敬老为核心传统。在这些节日里面，子女们专门为老人准备一些礼品，孝敬老人。还有讲究诚信，提倡忠义传统的节日，比如许多地方举办的关公庙会等。也就是说，伦理道德的传统在中国少数民族的传统节日里体现得非常充分。

第三，崇尚自然传统。所谓崇尚自然传统，就是我们对大自然的一种崇尚。我们和自然原本是和谐的关系，这种和谐关系不仅贯穿在物质生产生活中间，还贯穿于传统文化里面。传统节日处处体现着我们先人们对自然的尊重。中国少数民族传统节日的时间大部分集中在两个时间段：一个是在秋收的时候，一个是在春播之前。这个时候，生产的节律和节日的节律结合在一起。还有很多节日里面呈现出对自然的尊崇和敬畏之心。如在中国西南民族地区，"祭山节"或者叫"山神节"，这个山神是神圣的，它有很多禁忌，比如在山上不能砍树，不能大声喧哗，这些节日禁忌习俗很好地保护着自然环境。少数民族生活在很大程度上依赖于自然环境，他们诸多方面表达着自我生活与自然之间的关系，并且以传统节日的形式强化自我和自然的关系，这就是我们看到在中国少数民族地区自然生态保护相对较好的重要原因。

第四，时间和空间传统。一旦涉及到传统节日，我们就会有时间和空间两个概念。节日的时间指什么？它和我们日常生活的时间有区别吗？有，节日的时间是文化时间，这个文化时间承载着传统、情感和关系。我们生活中平常的物理时间是线性时间，过了今天那就永远不会再有今天了，但文化的时间可以循环，尤其是文化时间里与祖先的情感往往通过一系列的活动不断延续。节日每年都会过，实际上它是循环的，但这个节日所承载的传统会有所变化，也就是说去年的端午节和今年的端午节的时间一样，但内容会有所区别，或说有所创新，或者在传统里面有所减损，因此，我们经常说，传统是被发明的。还有一个是空间传统。传统节日的举办地是有特殊要求的，这些空间上的要求与历史、与先辈生活关联在一起，这个空间是有历史厚度的空间，交织着历史上的人际关系和信仰关系。然而，传统节日发展到今天，传统节日空间发生很多变化，尽管如此，它仍然是有意义的空间。中国少数民族传统节日有特定的时空传统，比如壮族的"歌圩"、苗族的"歌场"，以及根据自己生活的节律诞生的仪式性质的时间和仪式性质的空间，这些因为时间和空间承载着传统的力量，承载着某种特殊的关系，由此承载着民众生活中的幸福感。

第五、人、祖先和神灵关系传统。中国少数民族绝大部分生活在边疆和不发达地区，他们的社会发展往往比内地和东部地区发展缓慢一些，生活中传统的东西留下来的多一些，在以人为中心的生活空间里，建构出来的祖先、神灵等关系空间制约着他们的精神生活，在此基础上诞生了诸多的节日。举个例子，拉扎节是甘肃甘南地区很多民族过的节日。拉扎仪式是为了驱鬼酬神礼佛。这也是对人神之间、人佛之间关系的调节和补偿行为。拉扎节的调节作用实际发生在人与人，以及人与鬼、神、佛之间关系的协调上。"三月十五"是南部侗族地区的一个节日，寨高村和四寨村为节日的主办方，"三月十五"主要包括祭萨岁、祭祖公、踩歌堂、多耶、唱大歌、摔跤、赛芦笙等。以摔跤为主要也最为隆重，现在的人称之为"摔跤节"。在这里，村落里的侗族举行祭祀祖先"萨岁"以及各类摔跤等娱乐活动。上述活动实际上是对村落文化空间内的综合关系的平衡机制。传统节日仪式的实施过程就是民众意志与神灵意志的沟通过程，人与神的关系以及人与祖先的关系在节日里得到了充分体现。在我国许多少数民族生活中，他们通过传统节日，调节人们的生理时间、生活时间，调整人们的精神生活时间，传统节日符合我们生活的节奏，符合我们心理情感的节奏。拉祜族苦聪人的畬肥节祭祀神灵是仪式的核心环节，通过祭祀仪式，将苦聪人的生活世界和神灵世界联系到一起，实现为生活祈福的情感寄托。畬肥节祭祀仪式中所祭祀的神灵呈现出不同的形态。有的认为所祭祀的神灵是"天神"、"地神"、"猎神/山神"，有的认为是"竜神"、"猎神"、"山神"三者的集合；有的认为是一公一母两个神灵；还有的认为祭祀的神灵就是"竜神"。无论神灵多少，无论祭祀神灵时间的差别，哀牢山区苦聪人畬肥节的祭祀神灵的性质没有改变。在节日里，苦聪人和神灵的关系最大化地得到呈现。（图5.）

我所理解的中国人的信仰世界有几个体系，一个是关于神的世界的建构，一个我们称地下世界——地狱的鬼的世界，还有一个叫做仙的世界，仙道的世界，还有一个叫做精怪的世界，还有就是现实生活中人的世界。人的世界是可以生活的世界，可以实践、创造的世界，其他所有的世界都是因为我们生活的需求建构出来的。中国少数民族传统节日中建构的人与祖先、神灵关系传统，我们看到人与祖先和神灵达成某种默契，其目标就是实现人的愿望。

上面所谈到中国少数民族传统节日五个方面的传统是共有的传统，如果具体到某一个传统节日上，就会表现出多样性和多元性，当然，中国少数民族传统节日的共有传统远不止这些，至于每个传统节日的传统形式的特殊性与该民族或地区民众的生活关联在一起的，这就是另一个话题了。

四、中国少数民族传统节日"进城"

中国城市发展离不开少数民族，尤其是中国大城市的发展，历史上就包含了少数民族的智慧和创造。当下城市化速度快，人们的迁移和流动更为便捷，少数民族因为各种原因，进入大城市生活成为再平常不过的现象了，然而，这些少数民族进入大城市之后，尽管融入城市化的生活，但是，也很难割舍先前祖居地的生活，他们城市化生活中处处被"乡愁"所包围，在这之中，传统节日成为释放"乡愁"的有效途径。

第一，中国少数民族移居城市中的传统节日，目前存在以下几种情况：

城镇世代居住的少数民族聚落。少数民族因为各种原因，比如战争、商贸等原因，从很早的时候就进入城市生活，北京的魏公村就有很多世居少数民族，维吾尔族从元代开始就在魏公村生活，老祖先们把节日带来之后就一直在魏公村延续。

城镇少数民族干部聚落。比如少数民族的工作机关，少数民族干部在这里形成了聚落。如新疆驻北京少数民族办事处、中国藏学研究中心等等，这些都是少数民族干部聚落的单位，在这里，民族传统节日被延续着。

城市少数民族打工者聚落。很多少数民族同胞到了城市里之后，在打工者之间会形成一个聚集团体，每个民族都很团结，相对集中地在一起生活。比如天津的朝鲜族聚居区，北京的维吾尔族聚居区，这些外来的打工者，经常在民族传统节日的时候聚在一起。

少数民族学生聚居区。因为教育，许多少数民族学生来到学校学习，从而形成聚落，比如说中央民族大学是北京最大的少数民族学生聚居区。在中央民族大学，我经常被邀请参加不同民族的传统节

图5 云南镇沅苦聪人过畲耙节

日，比如藏历年、古尔邦节、盘王节、侗族年、哈尼年、那达慕、六月六等不同民族的节日。在这里，大学为节日的举办提供必要的条件，政府有时候也会拨一些过节的钱。当然，这些民族传统节日不仅是我们中央民族大学在过，生活在北京的民族兄弟姐妹都会聚集在中央民族大学过自己的传统节日。（图6、7）

当然，这种进城后的少数民族传统节日会发生很多变化，我和我的学生曾经做过广西壮族三月三、蒙古族那达慕在北京的调查。发现这些少数民族传统节日在家乡与在北京是有区别的。在讨论的时候，我们着力从少数民族在北京过节寻找何种诉求？是谁主持的？资金从哪儿来？为什么要过这些节日等问题入手，试图揭示少数民族传统节日进城的目的以及传承、发展规律。

在都市环境中，在现代性的审美镜像下，少数民族迁入人口民族性身份的建构可以通过民族节日活动得以实现，也使得民族节日发生了新的变化。节日营造出家乡感，形成情感上的连接，寻求人际交往上的连接。生活在都市中的少数民族通过过节强化彼此之间的认同和团结。

第二，少数民族城镇化中的传统节日。"城镇化"是当下中国乡村社会建设的基本策略。截止2012年底，中国城镇化率为52.57%，其中汉民族城镇化率是52.87%，少数民族是32.84%，而在少数民族地区，城镇化率最低的是西藏，只有不到22.71%。尽管少数民族地区城镇化率偏低，但是，这股城镇化的力量了不得，对民族传统的冲击巨大。近30年来中国传统文化变化巨大，我以为经历了两个阶段：

第一个阶段，在20世纪80年代末90年代初，因为打工潮兴起，人们过的是一种候鸟式的生活，但是这个时候"家"还在，过完年去打工，到上海来，过年又回到家，这是人口流动。

第二个阶段，即今天，城镇化更加彻底，很多传统的家庭和村落在一夜之间就没有了，这对传统文化是颠覆性的，它的空间和聚居地没有了。

所以，城镇化的影响是，一方面使得传统节日淡化，乃至在城镇化过程中，一些传统节日可能消失；另一方面，出于地区经济发展和旅游需要，民族节日的功能和作用日益受到人们重视，往往由地方政府出面精心组织，节日规模越来越大。民族节日逐渐成为一种民族象征。

第三，少数民族进城问题。中国大量的少数民族传统节日，随着少数民族同胞的流入城市，还有的是有意识地将少数民族节日输入大城市，成为一种时尚潮流。比如，四川凉山彝族的火把节，一开始是村里过的，后来走到西昌、又到成都，现在据说走向国际了。再比如深圳的"锦绣中华"，这里面有大量少数民族的节日，这是节日移植到了城市。所以，少数民族进入城市有一

图 6　贵州黔西南布依族

图 7　贵州黔西南布依族六月六

定的动力源泉，有经济的因素、有认同的因素，还有文化品牌建设的因素。

中国少数民族传统节日进入城市或者城镇面临很多问题，我们应该如何看待？我个人抱着一种比较开放的态度，我认为对于中国少数民族传统文化进入城市或者城镇的问题，现代生活和城市文明对传统的干预是正常的。文化的发展有自身规律，中国少数民族传统节日的发展也有自身规律，它能适应城市就留下来，不适应就被淘汰，如果进行人为的干预，或许一时能够发挥作用，要想使人为的力量永远来干预不仅不可能，相反会带来传统节日偏离自身文化发展轨道。

总结

  中国少数民族传统文化今天依旧存在，并且受到现代人的青睐。对节日的情感，反映了民间传统的生活情趣和精神信仰至今仍有一种超越生活需要的人文价值；而节日本身丰富的形式，也为现代人提供了寄托情感、活跃精神文化生活的可能性。但是，面临全球化、现代化和都市化的冲击，许多少数民族传统节日的衰微、消失、变异将势不可挡。

  该文为国家社会科学基金一般项目"民族节日象征符号与文化品牌建设"（项目编号：12BSH043）阶段性成果。

从七夕习俗看台湾地区民俗节日的传统与创新

洪淑苓

在民俗节庆活动中，七夕（农历七月七日）这个节日因为牛郎织女七夕相会的爱情故事特别引人注意。七夕习俗由最初的观星祈愿、穿针乞巧、女儿乞巧会等，衍生了许多活动；直到当今社会，渐有"中国情人节"、"七夕情人节"的说法，在台湾、闽南一带则又有拜七娘妈、"做十六岁"的习俗。本文针对近年来台湾台南七夕节日活动加以考察，并借此思考传统民俗与现代社会如何结合与创发，形塑地方文化的特色以及相关的问题。

中国古代文献中的七夕故事与习俗

有关牛郎织女故事和七夕习俗的研究，笔者的《牛郎织女研究》已经做过相当全面的考察（台北：学生书局，1988年出版），这里简要叙述。

从《诗经·小雅·大东篇》、《史记·天官书》、古诗十九首等古代文献资料可知，由于织女星和牛郎星位于银河两岸，因此产生河东织女嫁给河西牵牛郎的想象故事；又因为古代有禳星之际，所以织女星也成为观察和膜拜的对象，被人们视为天帝的女儿，负责掌管丝织之事。

七月初七这个节日，在魏晋以前，本是个多元化的节日，有降真会仙、晒书晒衣、和面作药等的习俗，直到魏晋时代牛郎织女故事开始流传，形成"七夕两星相会"的说法，才逐渐兴起七夕观星祈祝、穿针乞巧的习俗，进而有以女性参与为主的"乞巧会"。隋·杜台卿《玉烛宝典》、梁·宗懔《荆楚岁时记》都曾记载当时七夕风俗，譬如《荆楚岁时记》有云：

> 是夕，人家妇女结彩缕、穿七孔针，或以金、银、鍮石为针。陈几筵、酒、脯、瓜果、菜于庭中以乞巧，有喜子网于瓜上，则以为符应。

可知魏晋南北朝流行的是穿针乞巧、看喜子结网做为吉兆符应；"喜子"就是蜘蛛，从"喜子"之名也可了解其中暗喻祈子之意。唐宋时代，七夕更为多彩多姿，此由南宋·孟元老《东京梦华录》所载七夕习俗可证。其中，有关七夕时摆设泥偶"摩睺罗"，也可能和祈求子嗣有关。而唐·陈鸿《长恨歌传》说"因仰感牛女事，密相誓心，愿生生世世为夫妇"。五代后周，王仁裕《开元天宝遗事》所记，唐明皇和杨贵妃于七夕时"求恩于牛女星"等，也可能为后世把七夕习俗、织女信仰和爱情产生关联，奠定了基础。

从以上叙述可了解，七夕习俗以及对织女神的信仰，一直兼顾多种内涵，既有乞巧的游戏，也有祈求子嗣的祝愿。进入明清时期，各地七夕习俗偏重的活动不一，在华北各地的方志，譬如《中国地方志民俗数据汇编》所载的《天津志略》，就有乞巧会、女儿节的记载，前者指穿针乞巧的活动，而所谓女儿节则是邀请出嫁女儿回娘家过节，突显了七夕是个女性节日的特质。

至于有关牛郎织女的爱情故事，梁·宗懔《荆楚岁时记》也记载了两则数据：

尝见《道书》云：牵牛娶织女，借天帝二万钱下礼，久不还，被驱在营室中。

天河之东有织女，天帝之子也。年年机杼劳役，织成云锦天衣。天帝怜其独处，许嫁河西牵牛郎。嫁后遂废织。天帝怒，责令归河东，唯每年七月七日夜，渡河一会。

第一则"借钱不还"的故事，似乎已被人遗忘；而第二则相爱而分离的故事却流传久远，可见爱情的动人力量。但故事经过流传与演变，本来在银河西边的牛郎，变成人间的牛郎，有的民间故事说天上的织女到河边洗浴，被牛郎偷走天衣，所以留下来和牛郎成亲；有的故事则说是织女私自下凡，与人间的牛郎成亲。但后来的情节都是说玉帝知道消息十分震怒，因此派遣天兵天将前来捉拿织女返回天庭，而牛郎带着儿女在后面追赶，却被银河阻隔，因此与织女隔河相望。最后，玉帝准许两人相会，但传话的喜鹊把"七日一会"说成"七夕一会"，因此被罚搭桥，让牛郎织女可以在七夕时渡河相会。这样的故事为七夕增添了浪漫的情节，触动了天下有情男女的内心深处。

从古代文献来看七夕习俗，特别值得注意的是穿针乞巧，它提供女性在节日聚集嬉戏、联谊的功能，乞巧会、女儿节的色彩十分鲜明。至于向织女神祈祝的内容，婚姻和子嗣这部分的诉求，并没有看到比较明显的记载，也许这是深藏于女性的内心，可以默默向织女神请托，但织女神终究没有被赋予像月老、注生娘娘那样鲜明的神职。

织女神被转化为七娘妈,并具有保护儿童的神职,其间的演变,或许可以从台湾的七夕习俗去探讨。

台湾七夕习俗与七娘妈信仰

(一)"七娘妈"之名的出现

早期台湾的居民多由福建漳、泉移民过来,因此许多信仰、习俗,也受到福建闽南的影响。但就所见官修的府志资料,有关福建七夕习俗,最初并未有七娘妈的称呼,推测这应是民间兴起的说法,所以到较晚的官修方志或文人笔记才出现"七娘"、"七星娘"的名称。据清·黄叔璥《台海使槎录》卷一至卷四"赤崁笔谈",其风俗篇有云:

> 七夕呼为巧节,家供织女,称为七星娘。纸糊彩亭,晚备花粉、香果、酒醴、三牲、鸭蛋七枚、饭七碗,命道士献祭,毕,则将端午男女所结丝缕剪断,同花粉掷于屋上。

清康熙六十年(1721),黄叔璥因朱一贵之乱调驻台湾,《台海使槎录》可视为他在台湾两年的采风录,他记下了民间的风俗,而后也被乾隆时期官修的府志采纳。

但是查询福建漳、泉的府志,在乾隆时期修订的《泉州府志》和《漳州府志》却未见相关记载,仍是沿用天孙、乞巧之说;因此,若说台湾的七夕风俗是跟随泉州、漳州移民而传到台湾,那么七娘妈的称呼和信仰,极可能是在民间流传已久,官修漳、泉方志却一直未列入,直到流传到台湾以后,民间益发盛行,才被黄叔璥采风记下,而后又被官方收录。

但为何民间把织女神称为七娘妈,目前尚无确切的推论。比较常见的说法是,牛郎织女故事和"董永与七仙女"故事的混融,原本以男女相爱为故事骨干,增加了生儿育女的情节,织女也被称为七仙女中的第七个,同时被赋予慈母的形象。因此民俗学家娄子匡便认为七娘妈神祃中的七仙女图像,抱着幼儿的那个,就是织女娘娘,人称她七娘妈,成为保护儿童的母性神。

另外的说法是,七星娘、七星娘娘是指北斗七星的配偶神。北斗星神主掌人间的生死,具有消灾解厄的职掌,而他的配偶七星娘娘若是司育儿之职,和生命密切相关，似乎可以说得通。但这只是猜测，尚无具体的资料可以佐证，而且北斗星君的祭典是独立进行的，有关他的传说也未曾见和七星娘娘联结，为何要另外供奉其配偶神七星娘娘，很难进一步推想。因此，织女神被称为七星娘娘、七娘妈，或许真的是闽南一带的特殊用法，而台湾的民间信仰更把它发扬光大，成为保护儿童的育儿神。

（二）"做十六岁"之礼的记载

从清代的笔记方志看，台湾七夕的习俗，仍有祭拜织女、乞巧会等活动，但到了清末，则出现类似成年礼的"做十六岁"习俗。据清光绪年间的《安平县杂记》指出，家有十六岁子者，在七夕晚间必须准备七娘妈亭祭拜。而近人连横《台湾通史》卷22也有两则资料提到十六岁者于七夕祭织女，形同成年礼：

> 富厚之家，子女年达十六岁者，糊一纸亭，祀织女，刑牲设醴，以祝成人亲友贺之。入夜，妇女陈花果于庭，祀双星，犹古之乞巧也。
>
> 成人之礼，男冠女笄，台湾多以婚时行之。唯富厚之家，子女年达十六岁者，七夕之日，祀神祭祖，父师字之，戚友贺之，以纸制一亭，祀织女，以介景福。

从连横的记载，可看到台湾民间原本把成年之礼和婚礼合并举行，这应有经济上的考虑，但富有之家则可以分别举行，于十六岁这年的七夕这天祭祀织女，作为成年礼。在七夕这天"做十六岁"的习俗，民俗学家朱锋《台南的七夕》一文有更详细的记载：

> 七夕亦称乞巧节……现在台南，只剩妇女们此夕在庭里供牛郎织女，期乞巧针，已成为另一种行事了。
>
> 此日俗为七星娘娘（俗叫做七娘妈）的寿诞。崇奉此神的本市中区开隆宫，全市的妇女们都远道而来，虔诚地烧香礼拜，一心一意，求子女的成长。

朱锋更具体的写下了开隆宫"做十六岁"的祭典，以及由城西五条港地区传入城内，终至全省风行。而参与者也从穷苦劳动的人家扩大为一般家庭。在朱锋的诠释下，"做十六岁"的原始意义系因为经由成年礼而升格为成丁，则此青少年人也就可以投入劳动力市场。但这和连横说的富有之家始能在七夕举办"做十六岁"成年礼的说法，有所不同，但仍可见台南七夕的"做十六岁"习俗，相当普遍，而且深深存在于民众的记忆之中。

然而，传统儒家以"男子二十而冠，女子十五而笄"为成年礼，为何闽南、台湾是以十六岁为成年？彭美玲《台俗"做十六岁"之渊源及其成因试探》曾就江浙与福建沿海的县市方志考察，发现东南沿海的地方确实有以十六岁为成年的习俗（《台大中文学报》11期，1995年5月）。因此，七夕"做十六岁"的习俗，应该就是在原有的七夕拜七娘妈的习俗上，加上"做十六岁"成年礼，两者结合，成为台南七夕的特有习俗。而随着移民和开发，在中台湾和北台湾也都盛行一时，至少在1980年代初，各县市的风俗志都有相关的记载。

七夕拜七娘妈的供品和仪式，可参看今人吴瀛涛《台湾民俗》的记载：

> 是日，家家户户，为祈求子女长大，祭拜七娘妈。并于黄昏，在门口，供拜软粿（汤圆之一种，汤圆中心以指压凹者）。并为祈求多孙，供拜圆仔花（千里红）、鸡冠花，或供茉莉花、树兰花、柴指甲花（凤仙花）等香花。另供生果、白粉、人造花、胭脂、鸡酒油饭（糯米饭、胡麻油、酒、鸡等合煮者）、牲礼等物。家有成年者，特供粽类、面线，七娘亭（色纸制，二尺多高亭座，拟为七娘妈神居）盛祭。祭后，烧金纸、经衣（印有衣裳之纸），同时将七娘妈亭焚烧供献，此称"出婆姐间"，其意表示儿子成年。婆姐，传为临水官夫人女婢。拜后，并将生花、白粉、胭脂，投掷于屋上。

这些仪式与供品，或许随着时代流传而有所出入，或是各家丰俭不同，但大致上都显现其与祈求多子多孙、生殖崇拜有关，而白粉、胭脂等物，则和所祀者为女性神有关，共同塑造了七娘妈信仰的图像。

（三）被创造的民俗——

1979年台湾地区广告界创造的"中国情人节"活动

然而众所周知，七夕又有"中国情人节"的说法，这个"习俗"何时兴起，如何兴起，实在引人好奇。

若要从民俗节日中找一个情人节，正月十五日的元宵节应是最佳的选择，有不少小说、戏曲故事即是以元宵节为背景，发展为动人的爱情故事。但为什么是七夕被选中为"中国情人节"？经过笔者努力搜寻资料，终于找到一则部落格里的文章——"马可汀的湖说"部落格,《一个营销活动创造一个文化:中国情人节之父——陈和协先生》记载了相当完整的来龙去脉。该文一开头即指出,七夕本来没有"中国情人节"的说法,系1979年由国华广告公司陈和协先生提出来的一个活动构想,而后蔚为风潮。当年2月,陈和协有鉴于2月14日是西洋情人节,于是和公司同仁酝酿把有牛郎织女爱情故事的七夕定名为中国情人节。因农历七月俗谓鬼月,有许多禁忌,譬如不宜婚嫁、出游等活动;而这往往也会影响到经济活动,连带的也影响广告公司的业务,因此他们一方面履行想破除迷信的社会责任,另方面也想借活动来刺激商机。经过周密的筹划,他们开始招集广告公司的业务,并规画主题与一连串的活动,同时打出主题标语:

"愿天下有情人终成眷属"、"愿眷属都是有情人"。

相关活动则从8月3日、4日开始,到8月26日则在台北市荣星花园举行"中国情人节民俗游览会",当天为七对佳偶举办结婚典礼,也邀集婚纱、嫁妆行等各类厂商参展,又举行民俗歌谣演唱会、婚俗大展、情书大展、地方戏曲、牛郎织女传说展、七世夫妻中国情人故事大展等活动,据估计当日游客超过35000人,为该园历年来新高。到了8月29日,也就是农历七夕当天,国华广告制播长达一小时的"中国情人节"特别节目,于晚间10时15分在华视电视台播出,收视率高达15.8%,成功地推动了"中国情人节"(亦可参阅1979年8月29日《中国时报》第一版左栏广告及相关报导)。

如同霍布斯邦在《被发明的传统》的"导论:创造传统"说,"那些看似古老或自称古老的'传统',经常是源自近期,有时候甚至是人为创造的"(台北:猫头鹰出版社,2002年)。从以上的记述看来,七夕变成"中国情人节",确实是个被创造出来的民俗活动。

七夕流传的牛郎织女故事,当然有可能成为情人节的基因,但是传统一直未曾把幸福爱情、美满婚姻的祈愿明朗化,反而是采取默默祝祷,在向织女"乞巧"、看蜘蛛结网"观巧"之中,悄悄许下小儿女的心愿。这就好像其他的,在月下焚香祈祝好姻缘,或是元宵夜"偷挽葱,嫁好尪"(台湾俗谚)这样的私密仪式,一再说明了中国式的心灵思维,不是公开自己的情感欲望,而只能低调祈求。因此,广告公司以西洋情人节为触发点,而选择七夕为"中国情人节",也正是掌握了牛郎织女的爱情故事中素来流传久远、凄美、浪漫的气氛,那打动了千百年来多少有情人的心灵!加上时代的转变,人们可以自由恋爱，不再是遵循媒妁之言，因此对情感的需求更强化，但相对的也产生新的问题。广告公司在商业利益的考虑下，加上破除迷信、改善社会风气的包装，以"有情人终成眷属""眷属都是有情人"为主打标语，果然达到了效果，甚至可以说超出预期，创造了一个民俗节日的象征精神和活动意义。

"中国情人节"的影响是此后七夕是情人节的口号却愈喊愈响，加上商业促销"浪漫七夕，烛光晚餐"的策略，原本的拜七娘妈、成年礼的礼俗，逐渐式微。而可注意的是，20世纪80年代起中国大陆改革开放之后，以及联合国2003年开始宣告"非物质文化遗产保护公约"，中国大陆也在2004年跟进，因此传统的民俗节庆也有渐渐苏醒的态势；而七夕这个节日很明显的就是被当做"中国情人节"来宣传、营销，鲜花、礼物、大餐的广告满天飞，极其热闹。如此看来，1979年七夕台湾的广告公司的创发，不仅打响"中国情人节"的招牌，也影响了后来华人世界的七夕活动。

台湾七夕节日活动的创新——台南的七夕文化节

随着"中国情人节"的兴盛，"做十六岁"的习俗似乎逐渐被淡忘。但官方倡导文化活动的政策，却使得七夕的活动开始出现不同的模式。我们可以透过台南市的七夕民俗活动来观察和分析。

台南是文化古都，市区内有相当多的寺庙，民间的生活中仍然维持传统民俗的风味。自1997年起，由台南市文化局负责规划"台南七夕节"，同时也有很多民间团体参与，各自负责一部分的活动与经费，显现了台南人对于这个活动的重视和支持。

这类活动系在七夕的这一周到两周的期间，举行一系列的相关活动。以下就以2007年、2012年的相关活动来观察报告和分析。

（一）2007年台南"府城七夕十六岁艺术节"观察与分析

以2007年为例，笔者曾实际到台南观察（2007年8月11日），笔者看到和了解的情形是：

图1　七夕民俗资料馆展示之供桌　　图2　琳琅满目的供品

1. 以"艺术节"注入新观念

在有关七夕的习俗中，台南市的七夕活动选择"做十六岁"为重点，但是这个传统的习俗，却以两个模式呈现，一个是复古，强调"做十六岁"习俗是台南特有的民俗文化，因此鼓励民众重拾古风，在家里或到庙里举行"做十六岁"的仪式，也让一般民众都能认识"成年礼"的意义。另一个方法是创新，把夏令营的观念带进来，举办"十六岁少年营"，以各种竞赛与学习活动，促使十六岁的少年在"十六岁少年营"中，学习分工合作的团队精神，让他们发挥创意，表现青少年的活力。

"艺术节"也是这个活动的另一个重点。节日本来就是人们休闲娱乐的时间，但如何在休闲娱乐当中，又能提升艺术的气息，这就有赖于表演艺术。因此我们看到台南的七夕活动，前几年是以"国际艺术节"为主题的。2006年起，以"做十六岁"为主打活动，但还是邀请国内外的艺术团队来表演，所以仍然保有"艺术节"的风格。

2. 七夕民俗文化馆的展览

以孔庙所在的这一区当做活动重心，在这里有个七夕民俗文化馆，展示与七夕"做十六岁"习俗有关的文物。包括福建泉州"做十六岁"的祭桌摆设，以及台南本地的祭桌摆设（图1），以显示闽南和台湾的风俗异同。在这里可以看到每种祭品都是七碗，和七娘妈的七字有关联。这些东西大部分是食物，麻油鸡酒、面线、干料（金针、香菇、木耳等）、龙眼干、三色软糖、四色粿、甜芋等（图2），还有用品，如香花、香粉和香水、梳子和镜子、剪刀和

图3 祭祀织女（七娘妈）之供品   图4 七娘妈亭

针线等（图3），以及纸做的七娘妈亭（图4），再加上外婆家送的礼物衣帽鞋子。

导览的人员告诉我们，最特别的是"香饼"，那是本地的产妇在做月子时吃的点心。先用麻油、姜丝煎蛋，再把"香饼"弄破一个洞，然后把荷包蛋从那个洞放在香饼里面，这样就可以保温，如果家人外出工作，产妇随时都可以吃（图5）。

3. 各寺庙的"做十六岁"仪式和相关活动

台南市有很多古老的寺庙，其中有几座寺庙在这段时间，也都有"做十六岁"的仪式。例如笔者参观了开隆宫（图6），它建造于清代雍正十年，主祀七星娘娘，以"做十六岁"仪式而闻名。在它的庙埕里，还有一座木刻的"七娘妈亭"，可见这个仪式在这里经常举行，因此不是纸做的，用完就烧掉；而是用木做的，雕刻得很精美，可以供更多人进行这个仪式。

在笔者参观的那一天，正好有一对母子在那里拜七娘妈，进行"做十六岁"的仪式（图7）。这个十六岁的男孩在妈妈的带领下，先向七娘妈的神像拜拜，然后由庙方的管理人，指导他如何进行仪式的步骤。管理人和他的妈妈把纸做的"七娘妈亭"举高，然后这个男孩就从底下钻过去，左边三次，右边三次，接着他们就把"七娘妈亭"和一些金纸、"七娘妈衣"拿到庭院的金炉去烧，所有的东西都烧完后，才表示仪式完成。

4. 百货公司里的日本七夕文化展览

中国的七夕习俗也传到日本。日本东京及仙台县，到现在都还有很盛大的七夕节日活动。因此台南市文化局就邀请日本东京和仙台县的代表到台湾来,举办七夕文化展览。这个活动在新光三越百货公司的某个楼层举办(图8),以图片、实物和模型,展示东京乞巧习俗及仙台县的七夕风俗,也用一棵塑料的人造树,当做竹子,让参观者可以把愿望写在卡片上,然后挂在树枝上,代表向神明祈福。这是日本七夕习俗中很重要的一个活动。

图5 产妇专享的麻油煎蛋和香饼

笔者觉得2007年台南市文化局所举办的"七夕十六岁艺术节"是个非常成功的活动,它唤醒人们对七夕习俗的记忆,并且把它定位在"做十六岁"的成年礼,成为青少年成长的一个重要仪式,使得父母和子女之间,有了共同关注的话题,这中间既传承了习俗,也沟通了两代之间的情感。

也因为把七夕定位在和青少年有关,所以举办的表演活动和夏令营,都是以青少年为主体,邀请年轻人的乐团、鼓队来表演,策画有趣的工作坊,这些都使得传统习俗有了新的活力。而且主办单位也抛出国际化的诉求,邀请的表演团队不限于本地,也有国际乐团,和日本仙台县做七夕文化交流,也是力求国际化的表现。

图6 台南开隆宫

(二)2012年台南"2012爱情城市七夕嘉年华"活动观察与分析

2012年的8月,笔者再度于七夕(8月23日)造访台南。由于本年台南县、市合并,升格为直辖市的台南市,所以活动范围扩大,除市区之外,原属台南县的几个乡镇也有安排活动。以下是观察心得:

图7 在开隆宫举行"做十六岁"之男孩

以"爱"为主题,加入月老信仰,打造"爱情城市"的形象

从网站、文宣到笔者实地的访查,都可以看到本年的主打标语是"爱",也以红色的心形标志突显这个精神,制造"爱在哪里"的视觉意象。根据主办单位的说法,"爱"的内涵,包括爱情人、爱城市和爱自己,

图8 百货公司内的日本七夕文物展

图9 海安路情诗广告牌

"爱情人"以两情相悦的爱情为诉求,"爱城市"以欣赏古迹、发展城市艺术为重点,"爱自己"则是"做十六岁"成年礼的包装;企图达到"从个人的爱,衍生家庭的爱,繁衍到整个城市的爱"。

虽然把活动区分为三块,也维持成年礼的部分,但以活动数量和宣传效应来说,还是"爱情人"的部分最为抢眼,除了系列的与爱情有关的演讲,还有"爱情电影月",全美戏院、今日戏院、南门电影书院,一整个八月都播放爱情电影,并举办电影讲座,被挑选的电影包括《海角七号》、《跳舞时代》、《罗马假期》、《乱世佳人》等;此外,海安路被设计为"爱情大道"沿路张贴爱情电影海报、情诗海报(图9)以及8月26日晚上设置了"情歌点播站",可说琳琅满目。

这一次的"爱"的主题,还请出了月下老人来加持。在"月老庙散步之旅"系列活动中,择定8月11日、8月12日、8月18日、8月19日、8月23日,每一日之9时至12时、14时至17时、15时至18时,为"月老导览"时间,带领事先报名者参观祀典大天后宫、祀典武庙、中和境北极殿、开隆宫,而这些寺庙除了开隆宫以七娘妈为主神外,对于其他的庙,则加强介绍亦有奉祀月下老人,并且非常灵验。

可见2012年的台南七夕活动,"爱情"的主题特别隆重,甚至必须加上月老信仰,鼓励民众,特别是未婚男女可以游览月老祠,祈求红线、姻缘袋等吉祥物,以获得美好姻缘。这个系列虽没有以"中国情人节"为诉求,但是却是把七夕当成情人节来发挥,而构想出到月老庙散步,祈求爱情的点子。

图10　台南开隆宫七夕牌楼

图11　开隆宫庙方摆设的供桌

以"爱城市"与文创产业结合，加强城市营销

在"爱"的主题下，"爱城市"系列活动的诉求是企图让民众、游客感觉台南是个有爱、充满艺术气氛的城市。这里的爱，除了是和七夕结合的浪漫气氛，还强调回归乡土的感情，也就是推荐运用在地材料、开发本地特色的创意店家联合参展，把心形标志放在商品或是商店的某处，让访客经由寻找，而认识更多具有创意的店铺。

又如"2012点·心设计邀请展·'五十礼plus'讲座"，安排五场演讲，由五家创意店负责人分享创业经验和创意，形成一个推动文创产业、城市营销的系列活动。

以开隆宫与施姓宗祠举办"做十六岁"礼仪

开隆宫奉祀七娘妈，它的七夕"做十六岁"仪式流传已久，也历久不衰（图10）。此番笔者再次造访，而且正是七夕当天，果然人潮密集，香火旺盛。在正殿的供桌上，摆设麻油鸡、油饭、茶水、香菇金针木耳等素料、糕点等供品，也有梳子、镜子、粉饼、香花、剪刀、针线等七娘妈专用供品，加上金纸、五色纸、七娘妈神祃（图11）。而若是要举行"做十六岁"的青年人，长辈就会为他向庙方领取契状，写明姓名，连同供品向七娘妈祝祷，然后跟着金纸等一同焚烧。也有准备"七娘妈亭"的，也在拜拜后一同烧掉。

开隆宫正殿的右翼有一小亭，中间安置一座木雕的七娘妈亭，也有人在上香拜拜后，到这个小亭子，钻过七娘妈亭，以男生绕左三圈，女生绕右三圈的方式，代表"出婆姐间"，完成了"做十六岁"的仪式。

图12　开隆宫前的广场供桌

图13　开隆宫广场上的"鹊桥"

图14　中山路上的七娘妈亭

图15　在施姓宗祠前钻过七娘妈亭的民众

　　开隆宫还在户外搭棚，并加长了供桌，以便让更多民众可以拜七娘妈（图12）。笔者也入境随俗，购买一份简单的供品和香烛祭拜。这份供品已经是标准化的商品，包含香水、梳子、镜子、针线、唇膏、粉饼等。户外广场并不宽敞，因此显得格外拥挤，而广场末端还搭了"鹊桥"（图13），桥下又有道具老牛一只。据一旁指引的人员说，"做十六岁"的人可以触摸老牛的各个部位，以获得好运，例如"摸牛尾，赚家伙"；然后走上此桥，代表走向美好的未来。这无疑又是个"被发明"的传统，老牛、鹊桥固然是牛郎织女故事中重要的成分，但从未曾在七夕习俗中扮演如此的功能。

　　在开隆宫外面的马路中山路上，则有这次七夕活动的主办单位搭棚的活动区，算是官方的活动区（图14）。因此有事先报名者，就到这里行"做十六岁"之礼。参加者无论男女都穿上古代的状元服，到供桌前祭拜后，再从特制的七娘妈亭钻过，代表完成仪式。这时只见家长都忙着为儿女照相，捕捉钻出亭脚的镜头。随后，参加者又可以骑上主办单位提供的马儿，取"状元游街"之意，绕着活动区走一小段，一旁的家长又是忙着拍下照片。

就在同一时间，开隆宫的内外，有庙方传统的拜七娘妈、"做十六岁"，也有官方主办的"做十六岁"；前者人群拥挤，后者较为稀疏。两方都有拜七娘妈的供品、七娘妈亭，也有外加的民俗活动——摸牛和过桥，状元骑马游街；这表示民俗的随意性和自由性，在一个主题下，主办活动者为了吸引民众，或为了给人创新的感觉，往往掺杂其他民俗活动，是好是坏？有待斟酌。

另一个"做十六岁"的地点是施姓宗祠。参加者以施姓宗亲的子弟为主，但不限于此。笔者于当日上午到开隆宫访查，逛完海安路、孔庙园区后，于下午二时准时前往观礼。施姓宗亲会在祠堂前庭摆设供桌，前段为宗亲会统一安置的供品，后段则是参加者自备的供品。比较特别的是用甘蔗搭了一座拱门，一旁的人说是代表"有头有尾"。典礼由市长担任主祭者，行礼之后，台南市长发表简单谈话，然后是宗亲会代表致词。接着，颁发成年礼纪念品，钻七娘妈亭，完成仪式。过程中，家长不断按下快门，捕捉活动片段与子女的身影。有趣的是，市长离去后，有兴趣钻七娘妈亭的人无论男女老少都排队尝试一下，年长者还彼此开玩笑，这是补过"做十六岁"，钻一次可以减少十六岁（图15）。

"做十六岁"可以在自己家里做，也可以到庙里做。若依古代宗族制度，成年礼自然也可以在祠堂里举行，由宗族长辈主持；这次安排到施姓宗祠举行"做十六岁"，应也是参照此理。比较之下，在宗祠举行虽然参与人数有限，但比在庙里举行较为温馨，也较为清静、庄重，不会有人群拥挤，市声鼎沸的现象。尤其是和官方主办的"状元骑马游街"式的活动比较，笔者认为在宗祠无疑是更为合情入"礼"。

结语

综上所述，台南号称文化古都，有关七夕习俗的记载，从连横到朱锋，二位台南仕绅耆老都曾记载七夕过节的情景，并且也都以祭拜七娘妈、"做十六岁"礼仪为重点，尤其朱锋的文章《台南的七夕》更是充满地方情感，对开隆宫、五条港区的七夕、"做十六岁"详加描绘，为读者勾勒了在地化的民俗生活图像。台南这一份深厚的文化底蕴，如同开隆宫历史悠久的"做十六岁"仪式，是值得在地人骄傲的，而且继续传承下去。

但当传统民俗遇上观光活动、文化创意产业，究竟要如何适应现代社会的需求？从台南近年的七夕活动来看，原先逐渐定调的"十六岁"成年礼，到了2012年似乎有位移的现象。2012年的爱情电影、月老庙散步等活动，共同聚焦的无疑是爱情，也就是以情人节的思考在经营这个节日文化。或许是因为"做十六岁"的活动已显软疲，所以改弦易辙，保持"做十六岁"，但突出"爱情城市"，开创一个新面向。可注意的是，2012台南的七夕活动主题转向爱情，又请出月老，笔者认为这是个指标，代表了情人节有胜过"做十六岁"的可能。无独有偶的，2012年8月10—12日，正值七夕之际，新北市板桥林家花园也推出了月老出巡的民俗活动，并举办了未婚男女的联谊会。月老和七夕民俗结合，可说是21世纪一个独特的"被创造"的民俗。只是被视为育儿神的七娘妈，会不会觉得光彩被月老抢去？毕竟七夕是她的节日。

就节日文化的意义来看，七夕习俗变成情人节与成年礼并列，可以反映市民心理中，对于美满婚姻与宣告成年的需求。人们从牛郎织女的爱情故事里，提炼出永恒有诚、恩爱不渝的爱情信念，所以分离者、单身者感到吾道不孤，就算分离孤单，也有那牛郎织女年年有信，年年相会；成双者更看到相聚的可贵，并且祈愿人间天上都是"有情人终成眷属"。等同于成年礼的"做十六岁"，则在织女有情、慈爱的脉络下，接受了"七娘妈"的信仰系统，让孩童在女神、母神的保护下成长，终于宣告成年，以感恩的心情，屡践负责独立的精神。

然而所谓传统民俗也必须面对现代社会的考验。"中国情人节"被广告公司创造出来，当然有七夕牛郎织女故事与习俗的基本因素，但后来广为接受，流传开来，应是切合了现代人之所需。爱情成为普遍关注的话题，也是现代社会疏离的人际关系下，人们内心深层的愿望和渴求。而成年礼久已为人淡忘，加上现代人身心发育的状况与古人大有不同，何时、何类的活动或事件可以具有成年礼、通过仪式的意义，恐怕都已超出传统的范限；"做十六岁"的意义若是源于台南五条港，有庆祝成年以充当劳工、负担家计的意义来说，"十六岁"的年龄也不太适合现代社会对成年的概念。但笔者认为把"做十六岁"转化为"青少年夏令营"的做法是可行的，虚岁十六，正是国中毕业、考高中的年纪，那个暑假也正是一个人生的转变期，如果在暑假里的七夕渡过"做十六岁"的仪式，对自我的成长也是一个不错的经验。至于情人节，祈求爱情与婚姻也是人之常情，只是切莫被商业宣传牵着鼻子走，金钱利益大过情感深度，反而不美。

进入21世纪的台湾七夕习俗愈发创新，也留待后续的观察和研究。

岁时节日的文化内涵

⊙ 萧放

传统节日是近年来比较热门的话题，我们经常讲节日，但很少讨论岁时，对这个词很陌生。"岁时"是中国人非常传统的时间观念，"岁"是年，"时"是四季，最早的时间观念体系的产生就与岁时有关，后来的节日是在岁时基础上形成的。所以今天我把岁时和节日扣合起来讲，因为不讲体系形成的话，很难理解节日的内涵。

一、岁时节日的起源与一般性质

首先，我们谈岁时节日的起源和一般性质。讲起源需要花很长时间，我在此简要勾勒一下。比如，岁时节日怎么来的？这关系到人与自然的关系。以前理解的自然是一个有意志的自然、神的自然，所以我们在时间的节点上要进行祭祀活动，这个祭祀活动一旦延续，逐渐就形成了传统，它就变成"岁时"祭仪。岁时的起源与上古时期季节性的祭祀活动和农事有关。为什么我们那么重视与神秘的自然进行沟通呢？因为古代是农业社会，而农业靠天吃饭，特别注重季节的变化，所以农业社会的时间与游牧社会、海洋文明都不一样，它有自己的特点，而中国是几千年的农业社会国家，所以岁时传统非常悠久。

在刚开始的萌生时期，岁时节日是非常狭义的祭祀活动；进入国家时代夏商周后，祭祀与权力结合，这之后就成为了政治性的权力时间。如果读过《礼记·月令篇》、《吕氏春秋·十二纪》、《逸周书·时训解》等，就知道古代有专门的一个时间体例叫"月令"，即当月所行之令，这个"令"最根本是自然的令，但在统治者"王"那儿变成政令。所以我们说，在那个时候是一个权力时间。随着历史的发展，这种时间观念逐渐演化，时间体系也逐渐向下转移，就出现了我们所说的"岁时节日"。

图1 河南鹤壁浚县元宵社火中的狮舞

岁时节日的性质是什么？从根本性来讲，是人适应自然的时间变化和人适应时间生活的节奏，所创造的人文时间。就是说，这个时间不是纯自然时间，但是它依托自然，同时考虑社会活动的节奏，所以它是一个文化的创造。即"岁时节日"，它既与节气有关，又与社会生活节奏有关。这是中国节日的特点，西方节日就不一样，西方节日与宗教有关。在西方，宗教信仰、仪式与教堂的钟声决定了它的节日体系和时间节奏。而中国是农业社会，农业和自然有关系，中国节日的自然性特别强，宗教性相对弱。虽然我们也有信仰，但是体系化不够。(图1)

二、汉魏时期中国岁时节日体系的形成

中国本土文化体系的形成，是在汉魏时期。虽然在三代，甚至更早如传说黄帝时期，都有文化的创造活动，但是与后来几千年文化体系相关的内容，出现在汉魏时代，汉魏是中华文化的一个确立期。岁时节日同样也是在汉魏时期确立的，其意义在于提供一个可供大众表达自己情感意愿的时机，为社会上下层的沟通和联系提供条件，为民族文化的协调发展提供了重要途径，这是概括性的说法。就是说，岁时节日给我们提供了一个重要的文化享受和文化表达的机会。

1. 岁时节日体系形成的历史条件

为什么会在汉魏时代形成？这要提到汉代中期的重要变化。汉代中期是一个很特殊的时代，在汉代中期之前，我们的时间观念与秦朝有关，秦朝的岁首是夏历十月份，也就是他们过年在夏历十月份。在汉朝初期还延续这一传统。但在汉中期，汉武大帝年少即位，意气风发。这个时期恰好是汉朝经过六七十年的恢复之后，生产力达到一个较高的水平，国力增强，于是整个国家政策都出现了重大调整，从而为岁时节日体系的形成提供了有利条件。当时社会出现如下变化：一，当时的政治社会出现了重新整合的态势。推行"乡举里选"，官员不再是世家大族任职，而是推选有德行的人，此外还重视基层社会的教化。把儒家的经典放到基层中去，让每一家人的小孩都来读。当时西北凉州小孩都会学《孝经》。这个社会因为统治阶层的扩大，更有代表性。二，新的经济组织的兴起。以前是地域性的村社组织，但此时出现了庄园制，家族性的活动逐渐取代了村社活动。三，儒家伦理和阴阳五行思想的生活化。汉武帝时期，"罢黜百家，独尊儒术"，儒家成为唯一的标准的思想形态。这个儒家与先秦的儒家不一样，它是董仲舒的儒家，将天人感应的思想融合在其中，所以阴阳五行与儒家思想结合，然后在社会上贯彻，成为生活文化。四，历法的改变，这也是一个很重要的条件。汉武帝之前，历法体系随着每一个朝代的兴替而变化，每一个王朝因为阴阳五行的性质不同，导致岁首确立的时间点不一样，像夏朝取夏历正月，商取夏历十二月，周朝是夏历十一月，秦朝是夏历的十月。整个夏商周到秦，一年的开始时间是不一样的，也就没办法形成固定的节日体系。汉武帝太初元年（公元前104年），让一位天文学家落下闳（四川阆中人）推演了"太初历"这种历法，在太初元年改历，恢复夏历的传统，以正月为岁首。在此之后，虽也有郭守敬等人的历法改革，但以正月为岁首的框架没有改变。从此以后两千多年来，延续了这个历法体系，没有改变，这为节日时间的稳定提供了重要的历法制度的保障。太初历在我国的岁时节日体系确立中有着非同一般的地位。

2. 岁时节日体系形成的标志

第一，它必须有确定的节日名称，固定的节日时间和节日习俗传统。

在汉魏时期，随着太初历的推行，传统节日体系形成。比如正旦，就像我们平时说的元旦，是夏历的元旦，不是我们今天的公历的元旦（1月1日）；正

图2　北京延庆春节期间的冰灯

月十五元宵节的确立，太初历的元旦确定了之后，正月十五元宵才能确立；上巳，确定在三月三；寒食，四月八、端午、七夕、八月十四、九月九、腊八、除夕同样随之确立。后面的节日体系与这个比较起来有小的局部的变化，比如后来有清明节与八月十五。

下面择要介绍几个具有汉魏时期特色节日。首先是正日，也叫大年，现在叫春节。"春节"这个名字是1912年民国建立之后，由以前的正月初一改名为"春节"。把以前的正月初一元旦改成公历的1月1日。汉魏时期的正日，也称正月之旦、岁首、三元之日。所谓"三元"，岁之元、月之元、日之元。古代的节日是整个社会共享的，朝廷和百姓都要过这个节，不像近代民国以后是两套体系，官方过公历的节，如元旦有新年献词，春节就没有；民间过春节不过元旦，元旦只是假日。因此，在现代社会官民在节日时间上是分离的。传统社会官民时间制度是一致的。在正日那一天，皇帝要接受百臣的恭贺，而百官也会得到皇帝的赏赐，请吃一顿饭、给点礼物等，这在汉朝时就特别重视。民间一般要祭祖，祖先祭祀是我们民族的传统，几乎每个节都有祭祀的活动。（图2）

传统的祭祀，要斋戒三天，还有敬酒降神，过年的时候必须喝酒。现在喝葡萄酒，好像喝酒是人间享受，但过去的喝酒是祭祖请神时喝的。各个朝代的年酒的品质是不一样的，汉朝的酒是"椒柏酒"，花椒和柏树叶泡的酒，作为

图3 山西稷山春节期间的高跷走兽

祭祀仪式上的饮品。它与汉魏时期道教的流行有关系,道教讲修炼,所以在岁首,喝这个酒,一方面是祭祖,一方面也是修炼自己的身体。花椒有特别的味道,古代有气味的东西都有辟邪的意义在其中。现在讲杀菌消毒,那个时候讲辟邪。柏叶取自柏树,柏树长青,认为它能让人身体很健康,所以汉魏时,药酒很流行。岁首喝酒的方式是从年龄小的开始,因为人们认为老人过一年老一岁,并不值得庆贺,小孩过一年长一岁,才值得庆贺。

但是年节自古有为老人祈寿的风俗,在《诗经》里就有"朋酒斯飨,曰杀羔羊。跻彼公堂,称彼兕觥:万寿无疆"这样的美好祝愿。过年祝老人身体健康的习俗现在在民间也都有。所以我们为什么"守岁"?"守冬爷长命,守岁娘长命"。冬至守,大年守,都是为了未来家人幸福的守望,希望父母、长辈明年更健康长寿。这种岁首的期待,传承了几千年。

第二个过年的习俗就是拜贺宗亲乡党,也就是拜年。这一传统在汉朝就确定了,乡里之间的关系要通过过年来维系加强。第三个习俗就是岁首求吉。如岁首不能破器皿,今天也有人说岁首不能摔东西,要是摔碎,便叫"碎碎平安"。这是用语言把其中可能带来的不祥消解,越在早期的社会,禁忌越多。(图3)

再如上巳节,可能说"三月三"更为人所知,民间的俗话叫"三月三,鬼发癫"。三月三是个比较关键的日子,最早是三月第一个巳日,叫上巳,后来确定为三月三。那天有一个习俗"祓禊",就是到水边,用水洗一下,把邪气洗掉。在民俗观念里有两件东西是消毒的,一是火,比如在结婚的时候,新娘进婆家门要跨火盆,或者参加葬礼回家,也要跨过一个火盆。水,同样也是清洁的。上巳水边举行祓禊仪式,在早期是很严肃的仪式,后来就变成春天的嬉游,所谓"长安水边多丽人"。汉代长安的灞河、洛阳的洛水都是上巳的重要地方,后来变成娱乐胜地。上巳活动中有"曲水流觞",让羽觞,在水道中漂,漂到谁面前谁就喝酒。历史上在绍兴会稽有一个很重要的聚会——兰亭之会,就是上巳的"曲水流觞"之会。

还有个节日叫寒食。所谓寒食,就是吃冷食。过去生火的手段没有今天那么便利,以前取火有几种方式,有用铜镜反射的方式聚焦取火,有用钻木方式取火。考古发现,远古人们用陶罐来保存火种。古人认为火是有生命的,不能"老"了,所以每年都有换火的仪式。禁火的时间就是寒食,在清明前一天。寒食禁火,到清明再取新火,这是古代很重要的节日。寒食节最早是在太原开始的。该节日以前在冬天,现在是在春天。冬天寒食,对老百姓的身体是有威胁的,所以当时要禁止,"一月寒食,莫敢烟爨,老少不堪,岁多死者"要一个月吃冷食,怕很多人受不了,禁来禁去,却没有禁住。有人说寒食起源于介子推,这是历史传说,是后来加上去的,但却成为了民俗的依据,和屈原与端午节的关系一样,其实并非如此,节日的产生来自于信仰。至于介子推是何许人呢?晋文公不得势时,介子推仍忠心跟随。晋文公流浪的时候没有肉吃,介子推甚至把自己大腿上的肉割下来给他吃。但晋文公回来当上王之后,单单忘记了封赏介子推。介子推与母亲隐居深山,晋文公为使他出现放火烧山,最终介子推抱树而死。为了纪念介子推,现在介山上有一个很大的介子推像,每年都在寒食节有祭祀活动。苏东坡还有一幅《寒食帖》:"自我来黄州,已过三寒食"他曾在黄州度过艰难的三年。汉末魏武帝曹操为了禁寒食,命令地方官如果做不好,便扣官俸,但这一策略也没有起到很好的实际效果。到了南北朝时期,北魏贾思勰《齐民要术》中写道:"(介子推)忌日为之断火,煮醴而食之,名'寒食',盖清明前一日是也。中国流行,遂为常俗。"这个时候的寒食在中国流行。南朝梁人宗懔的《荆楚岁时记》,书中也提到寒食节要"禁火三日"。我们所说的汉魏时岁时节日体系形成的标志就是《荆楚岁时记》这本书,在整个汉魏时期虽然有零散的节日记载,但《荆楚岁时记》记录得最为完整。

还有一个节日与今天的生活有关,叫"伏日"。伏日是秦汉时期兴起的一个夏天的节日。由于当时是气象史上的高温期:历史上,在寒冷期,游牧民族就会侵入，我们的粮食也不丰收，就会形成动乱的格局；如果是高温期，农作物生长的非常好，大家温饱无碍，就比较太平。历史的治乱兴衰与气候有着密切的关系。秦汉时，为了防避夏天的暑热，就兴起了伏日的节日。为什么说"伏"？这一时期阳气很高，阴气在发生，但阴气被阳气抑制，潜伏着，只有到立秋之后才会慢慢起来。所以这个时期是阴气的潜伏期。伏日时间的确定，是从夏至时候的第三个庚日开始，这一天有一些节日活动，比如吃狗肉，就是一个很重要的地方传统，伏日要杀狗，祭祀时要吃狗肉。在阴阳五行的观念中，因为夏天天热，身体受到伤害之后，人们觉得狗肉是滋补的，所以在古代有夏天吃狗肉的传统，这当然与今天动物保护组织的观念是不一样的。吃狗肉的习惯后来还传到了朝鲜、韩国，至今在韩国还保留着这个习俗。汉代的伏日有假期，其中有一个东方朔的故事，话说在伏日那一天，朝廷要给官员赐肉。古代吃肉并不容易，当官的只有特殊时期才能吃肉，或八十岁以上才能吃肉，所以过节时赐肉是重要的礼物。在这个时候，要等大官分肉，但丞相久久不来，东方朔遂拔剑割肉回家，同时他对同僚说了一句"伏日当早归，请受赐"。为什么伏日不能晚归？因为伏日是禁忌日，东汉的记载里有"伏日万鬼行"。古时候节日在最初都不是一个好日子，都是禁忌日，在汉魏之后才逐渐变成一个个吉利的日子。

九月九本来是个禁忌日，为什么要在那一天登高？这里有一个汉代的传说。重阳那天，一位道士对一户人家说，你全家到山上去，不然会有灾难。这家人听了道士的话之后，就带着家人离开了家到山上去。等他傍晚再回到家中一看，家中牲畜全死了。从此以后，大家就明白九月九一定不能在家里呆着，要到野外去登高。当然这只是一个传说，实际反映了当时九月九是个不祥的日子，魏晋以后发生变化了，"九九"成了"久久"长久的意思。曹丕写了关于九月九的诗，有了久久的意味，这时恶日变成善日。七月七也是同样，最早是分离日。秦朝竹简中写道，若七月初这段时间结婚的话，不出三年就会有问题，这是灾难日。但到了汉魏末期之后，变为良日，情人分别好久了，这一天就是见面的好日子。（图4）

再看冬至。北方现在基本不过冬至了，但在南方还是很兴盛的——"冬至大似年"。从天文学意义上来讲，冬至是真正的一年的开始。太阳从南回归线向北走的时候，正好是冬至的开始，日照时间一天比一天长。但我们现在的一年是从历法意义上的开始。所以早期的岁首不是定在正月初一，不是靠着立春，而是冬至，叫"天正"；而过年是"人正"。冬至这天要祭祖，要拜贺。冬天，阳气开始发生，是养生的时候，这时对老人也要关怀，儿媳妇要给

图4 泉州元宵乞龟祈福风俗

图5 上海冬至落葬习俗

公公婆婆送新鞋袜，让老人能够在新的一年里健康行走，走得更远。（图5）

还有腊日，也就是大年三十以后，是一个除旧迎新的日子。传统观念里"时间"是一个生命体，每一年的"时间"到了岁末时就老了，老的"时间"是暮气，对人有影响的。所以民间在岁末的时候要扫、要赶，还有带着面具赶鬼的"傩"仪式，要赶走旧的，不吉利的东西，送陈、迎新、纳吉。

第二，年度岁时节日的节期与节俗对应关联，初步形成古代岁时节日系统。所谓岁时体系，有着其内在关联，岁时节日在一年里面有一个完整的对应体系。

在年初到岁末，节日分布呈点状，但是有强有弱，有小节有大节。在分析这个完整的节日构架的时候，其内部又有一种结构，阴阳对应。以夏至为界，夏至之前是阳气生长的阶段，都是阳性的节日；夏至之后，阳性下降，阴气上升，夏至以后的节日为阴性的节日。分成了上半年下半年、夏至之前夏至之后、阳性与阴性这样对应的节日。节日的性质是不一样，节日的习俗也有不同的变化。日常的节俗的行为里，都是阴阳五行的观念在起作用，阴阳五行对中国的民俗影响非常深。阴阳五行以前仅是思想家们研究的东西，它进入人们生活是起自汉魏之后。大家通过这个来理解生活，创意生活。比如端午节戴五彩线，古时叫长命缕、续命缕，在五月五这个关键的日子要戴上，反映的是五行的观念。过年在很多南方地区要吃"安乐菜"（马齿苋），它又叫"五行菜"，这种植物生命力强盛，有强健之功效。节日是有对应的，正日和腊日，正月十五和七月十五，三月三对九月九，夏至对冬至等。当然这个对应只是相对的，阴阳二气在变化，中国人讲运动，所有物质不是绝对的对立，而是阴阳二气变化运动的结果。（图6）

传统岁时节俗的类别基本具备，后世的岁时节俗大致是这一岁时节俗的扩充和发展。比如说，节日祭祀和节日休息。节日本原为禁忌日，要通过祭祀，让神灵来保佑你，把最好吃的东西奉献给神灵。曾有西方学者不甚理解中国文化，询问人类学家吴文藻，中国人给祖先送上肉送上饭，祖先能吃吗？吴文藻很巧妙地回答他，你们西方人献花，那你们祖先能闻到你们的花香吗？两种不同的祭祀方式，但同样都是情感的表达。中国很长时期是处于吃不饱的状态，所以很重视把吃的东西献给神灵。中国漫长的历史中只有最近这三四十年是吃饱的时代，祭了神的东西再拿来吃，这些祭过神的食物会变得不一样，叫"分福"，是沾了福气的。过去在节日里面，祭祀很重要，在此过程中，要斋戒、休息，所以节日与休息是一起的。（图7）

　　每个季节的饮食也是不一样的。现在中国人说的节日似乎只是成了"吃"的日子，没有了民俗、仪式，只剩下月饼、粽子、年糕等。"吃"在节日里面有特殊的意义，端午节吃粽子，端午节靠近的节气是夏至，阳气高涨，阴气发生。在中国人的时间观念里面，要顺气，天人合一，天道怎么运行就应该怎么生活。夏至时阴气虽然微弱，但它是生气，往上升。所以这时很多民俗是帮助阴气发生，端午很多民俗活动在水上进行，因为水是阴性的，祭祀水神。屈原投河而死，最早不是把他当英雄崇拜，而是把他当成水神祭祀。粽子，是用菰叶包裹的食物。六朝人周处写了《风土记》一书，记载当时粽子里面包的是乌龟肉或鸭肉，外面包的叶子是阳性的，里面的肉食阴性的。我们吃粽子时用手剥开外在的阳性的外衣，把里面的阴性的物质释放出来，让时气顺利运行，所以吃粽子的过程是一个巫术性的过程。这里面有讲究。相对应的冬至吃馄饨，馄饨是相反的，阴包阳，皮是阴性的，里面的肉是阳性的，我们吃的时候让阳性发生，这就是年度周期内传统节令的饮食观念对应变化。后来过年时候吃饺子，饺子是从馄饨来的，古代没有说饺子的，就是馄饨的形状，考古时发现新疆吐鲁番有一个唐朝墓——阿斯塔那墓，里面有一个碗里面盛着饺子。那其实不是饺子，就是馄饨。这是一些饮食里面重要的阴阳观念的问题。（图8）

　　又，《礼记》中讲"庶人春荐韭，夏荐麦，秋荐黍，冬荐稻"。春天吃韭菜、鸡蛋，因为春天是生育的季节，老百姓可能知道韭菜与鸡蛋与生育有关系，但更多是有信仰的成分在其中。一年四季，都有不同的食物搭配。这是古代在四季祭祀的时候奉上的各种东西，后来变成节日食品。每个节都有特定的食物，中秋月饼、端午粽子、清明青团等等，它构成了节日自身的物质系统。（图9）

图6　浙江乌镇端午插艾的老奶奶

图7　甘肃西和七夕少女祭祀巧娘娘

图8　包好的大年饺子

图9　昆山周庄中秋节令食品

三、隋唐宋元明清中国传统节日体系的扩充与变化

　　隋唐后，中国传统岁时节日的特征发生着变化。前文中提到汉魏时期的节日体系的形成，形成之后，节日体系发生了变化，内容不断地扩充。

　　在汉魏六朝以前，岁时节日主要是调整人与神的关系，节日体系中有浓厚的信仰色彩；在隋唐以后，岁时节日的重心向世俗生活方向转移。以前是岁时为主，后来变成节日凸显。岁时重视人与神灵之间的关系，节日重视人与社会之间的关系。举元宵节为例，元宵节在《荆楚岁时记》里的记载，不叫元宵，叫"正月十五"。这个时候要祭蚕神、紫姑、门神。到隋唐时期，"都城人士每以正月望夜，充街塞陌，聚戏朋游。鸣鼓聒天，燎炬照地，人戴兽面，男为女服，倡优杂技，诡状异彩"（《隋书·柳彧传》）。那时候正月十五的夜晚成为了化妆舞会般的狂欢节日。中国的儒家文化的影响太深，很少有狂欢节，但元宵节是例外，这与城市生活的发展有关系。唐朝，正月十五这一天解除宵禁。唐中宗的时候在这一天还把宫女放出来，让她们赏灯，结果清点时，很多人逃跑了。到了宋代也是，皇帝还会露面，与百姓一起看灯，百姓高呼万岁，表示皇帝与百姓享受同一个节日。当然也有人不同意，这里有一个有意思的故事，著名学者、理学家司马光见他的夫人元宵节那天在打扮，描眉、梳妆。司马光问她准备干啥去，夫人回答说：要去看灯；司马光说：家里有灯；他夫人回答要"兼欲看人"。司马光听了更生气，反问：难道我是鬼吗？说明即使是理学家的夫人，也挡不住元宵灯火游人的诱惑。明代元宵节期间，有长至十天的放灯日子，清代也是同样很长，赏灯会就成为了元宵的重要标志。还有"闹元宵"，为什么要在春天的第一个月圆之夜去闹呢？这与腊八开始敲鼓的性质一样，正月十五的闹，也是岁末，与寒气有关系，是要通过灯火之闹，让整个社会的生命力和精神能够迸发出来，让沉睡的冬眠大地苏醒。越闹越发，这是古代民俗的一个重要内容。（图10、11）

第二个方面，不仅是世俗性的节日娱乐内容增多，还有宗教性的节日因素显著增强。比如说，从隋唐开始，儒释道三教并弘。所以在岁时系统里增加了许多与道教、佛教有关的节日，唐代就有老子诞生的"降神节"，还有"佛诞节"，都要放假。还有个节日叫"中元节"，与道教有关系，道教讲上元、中元、下元三元。上元天官赐福，中元地官赦罪、下元水官解厄，分别对应正月十五、七月十五、十月十五。其中只有中元节是最重要的，体现三教合一。佛教的盂兰盆会，民间则叫七月十五，在今天的福建地区仍然是非常重要的普渡众鬼的"亡灵节"。清明、中元，还有十月初一"寒衣节"是中国的三大亡灵节。宋代有很多道教的节日，比如东岳大帝的诞辰。东岳泰山有山神，唐宋之后这个神下山，分香到城市中。此后，城市里面基本上都有东岳庙，东岳神是镇压之神，有保卫江山社稷的功能。

还有一个神灵，是关公。他的地位也是越来越高，这与中国的国运有关系。因为人们希望借关公来倡导忠诚家国的精神，所以皇帝不断地给他封号，最后封他为"关圣大帝"。元朝灭亡之后，明朝北面还有一个北元政权，持续对明朝政府造成压力，东北也有满清的压力，东南沿海有倭寇，边患严重，所以那个时候对关公特别的崇拜。清人进关后，对关公也崇拜，民间的关公信仰是财神、商业神。财神不是给你财富，而是告诉你做生意要取之有道，关公讲忠义、忠信，所以商人拜关公，在洛杉矶、旧金山，华人的餐馆里都有关公像。现代人往往关注利益而忘了关公背后文化的内涵。在台湾地区，关公的信仰也很盛，文化认同里面，信仰显得特别重要。另外是城市节日生活。中国的城市发展，城市里节日很多，过节要消费，传统的节日与商业有关，特别是庙会。这是一个很重要的商业节日。上海、北京的庙会比较兴盛，但是庙会每年办，人们都不满意，因为时代不一样了，庙会不能满足现代

图10 福建晋江东石元宵花灯

图11 晋江东石型厝元宵舞香龙仪式活动中的火公火婆

很多人的需要,大家虽然每年都不满意,但每年还是会参加。所以庙会上人挤人。庙会以前有几个要素,神、民、艺、货。神是信仰,民是人,艺是表演,货是商业交易。与今天发达的商品经济不同,过去庙会是重要的采购时节。今人如何变通发展?我认为我们应该把稀见的物件集中到庙会里面去,做一个展示、交流。还要有表演,要有较高的观赏性;需要百姓的参与,比如贵州、云南那边的民间表演请过来,丰富城市生活。神,就是信仰,但现在庙会里面没有神。传统有其地位,今天的变化也是客观的情况。城市节日是非常丰富的。在现在城镇化的过程中,城市如何包容农村传统的节日文化,使它变成城市生活的一部分,是我们需要思考的。

四、节日传统内涵的构成分析

我归纳概括传统节日文化,认为节日传统有三大层面、五大要素。

第一,节日物质生活层面的传统。最典型的表现就是饮食传统。基本上每个节日都有一个特定的食品。这个节日食品与两样东西有关,一个与时令有关,再一个就是祭祀。汉魏时期大致确定了中国节日饮食的传统,如春天是阳气发生的时候,有韭菜、鸡蛋,还有春卷等食材,助阳气发生。养生方面要与节气扣合。农业的现实价值在哪里呢?我说有认知价值,它是中国的一个文化时间,还有养生价值等等。夏天,出汗出得多,需要吃饺子面条,北京有俗语:"头伏饺饺二伏面,三伏烙饼煎鸡蛋。"还有狗肉,所谓"吃了夏至狗,西风绕道走",就是说狗肉对身体有补充。秋季,七月七要吃粟米粥,九月九要吃重阳糕。吃了重阳糕,会"年年高"。重阳糕上以前是有两只小羊的造型,象征重阳。冬至,就吃馄饨,在福建,人们还吃冬至团,还有腊肉、腊鱼等。过年时吃饺子,饺子怎么摆放很重要,要圆圈摆,把福气圈住。还有种摆法是纵横摆，意为路路通，过年都要求吉利的口彩；腊月二十三，用灶糖祭灶神。节日食品不仅仅是物质食品，同时也是文化创造物，每一种节日食品负载着民俗的情感，围绕节日食品形成了丰富的民俗传说。所以节日食品不但是一种节日美味，更多的是一种心情的表达。节日食品的献祭、馈送、集体分享构成了节日生活的重要部分。节日食品是要馈送的，送来送去是人情关系的构建，民间的"人情"都是这样建立的。（图12）

第二，节日社会层面的传统。节日生活是家庭的，同时也是社会的，中国传统节日大部分是家庭的，但它也关涉到社会，比如端午节时候的赛龙舟。赛龙舟需要配合，不同社区间的比赛，就有社会区域的认同，在比赛的过程中，也是地方共同体认同的形成过程。还有一些其他重要的节俗活动，包括拔河、野外踏青、赏月、正月十五去看人，都是家庭之外的社会交往的过程。所以我认为传统节日中，正月十五是最应该在城市生活中提倡的，因为今天城市中的很多人要么在办公室的小格子里，要么在家庭里，很少有公共交流的平台。比如新建的小区里面大家都不来往，但如果有一个传统的节日作为一个机会和平台，让大家出来活动，互相认识了解，这非常有意义。

第三，节日精神生活层面的传统，每一个节日都是精神调剂的日子，通过信仰、娱乐、传说来加强这方面的联系。过节，不能是一个纯物质性的节日，必须有精神的东西在里面。祭祖，与祖先交流。上巳节，在水边洗一洗，过去有"换魂"仪式，灵魂会老去，洗一洗，使灵魂得到更新，恢复青春，其实那不是信仰中的灵魂，而是人的精神。中国传统节日很注重新和旧的处理，过年，不仅是贴春联要新，而是整个人的精神面貌要新，这个"新"是中国传统中特别强调的，这也有很重要的传承价值，不然我们每个人都会暮气沉沉，我们要通过过节的方式来调剂生活，提振精神。

最后，谈谈传统节日的伦理价值和传承传统节日的意义，也是讲节日的内涵问题。

首先看传统节日的伦理价值。中国传统节日是祭祀日、庆祝日与亲情日的复合，是中国传统文化精神的集中体现。

第一，家庭伦理的养成，人们利用传统节日来调节家庭关系，凝聚家庭的精神和情感。传统节日都讲团圆，像元宵节、中秋节、清明祭祖等，端午节女人要回娘家，总之每个节日强调的都是家人的团聚，这是一个家庭伦理的强调。在中国人的幸福观里，团圆很重要。所以现在春运那么紧张，大家一定要回去与家人团聚，年三十晚一定要赶回家，团圆饭重要的不是"饭"的问题，重要的是家人精神的聚餐。而且吃年夜饭之前，还要把亡故的先人请回来，让他们品尝了，生人再吃。再比如重阳节，也是重要的家庭伦理的体现。寓意长久，变成对老人长寿的祈求，今天定为老人节，是国家法定的老人节。（图13）

第二，社会伦理的培育，通过节日交往加强人和社会之间的伦理关系。这在当代社会建设中尤其重要。因时间关系，这里不展开了。大家可以参看我的相关论文中对这一问题的论述。（图14）

图12　山西太原祭灶的糖瓜

第三，是历史伦理的教育，传统节日习俗起源上常常与历史人物活动事迹有关系，在节日传统中强调历史人物的高尚品格和他的人格魅力，以及对社会文化的影响。历史伦理教育主要体现在清明和端午这两个节日上，清明节中的先贤祭祀，《礼记》中有记载，"法施于民则祀之，以死勤事则祀之，以劳定国则祀之，能御大灾则祀之，能捍大患则祀之"。这是国家层面的五种可以被祭祀的人，这种祭祀就是要大家记住先贤往圣，鼓励人们传承为国为民族的利益而牺牲的奉献精神。我们虽然还没有一个先烈纪念日，但我们有一个人民英雄纪念碑，每年清明节国家领导人都去敬献花圈。还有先祖的祭祀，祭黄帝。最早祭黄帝是汉武帝时期，汉武帝带了十八万将士去打匈奴，战胜回来了，十八万将士的每一位用战袍捧了一捧土，堆成了一个地方，就是黄帝陵。其实是没有真正的黄帝陵的，这是人为营造的一个纪念地。此后黄帝陵历年都有王朝的祭祀。朱元璋在推翻元朝、建立明朝之后，专门写了一个祭祀黄帝文。在民国初年，孙中山也写过《祭黄帝文》。1937年，日本侵略中国，中华民族处在生死存亡的紧急关头，毛泽东和蒋介石都派了代表，国共两党一起公祭黄帝。这个时候毛泽东写了一篇精彩的祭文："民族阵线，救国良方，四万万众，坚决抵抗。民主共和，改革内政，亿兆一心，战则必胜。还我河山，卫我国权，此物此志，永矢勿谖。经武整军，昭告列祖，实鉴临之，皇天后土。尚飨"这时候祭祀黄帝是要团结一心来抗战。后来，在"文革"之后基本停止了祭黄帝，改革开放之后

图13　山东高密大年的团圆饭

图14　黟县西递敬爱堂（清明祠堂祭祀的地方）

才又恢复，还要邀请海外侨胞、台胞来祭祀黄帝。除了清明节祭先烈，祭黄帝之外，端午节纪念先贤屈原。屈原也是世界文化名人，他的品质是忠君、爱国、爱民，有着"哀民生之多艰"的百姓情怀。这三者构成了他的伦理地位，所以追悼屈原的时候传承的是历史伦理。

第四，自然伦理的建立。节日本来就是天人协调的问题，我们利用每个节日与大自然亲近。踏青、赏花等，都是自然伦理的表示。在节日文化发展的过程中，更应该强调自然伦理。

节日传承着民族文明，物质文明、社会文明、精神文明、生态文明都能够在节日中体现。首先，传统节日是传统文化的重要时空载体，可以利用传统节日这个平台去传承民族文化。其次，传统节日对传统文化的创新和发展提供了重要的机会。看庙会时出现了很多新的东西，我们可以利用节日这个平台发掘创新的可能。传统节日实质上是一个新旧相续的过程。最早的节日到现在其实变了很多，但是主要精神理念是一贯的。

在全球化的时代里面，在多元文化的冲击之下，要保持中华文化本位，必须重视传统节日文化的建设。只有从增强民族立身之本的高度去认识传统节日，在社会实践中真正重视传统节日，传统节日在中国的地位才能牢固的树立，也就不会出现为了黄金周的收益来重新考虑传统节日假日问题。传统节日不应该仅仅从经济角度考虑，它是民族文化的传承问题，不是能用金钱衡量的。它对民族文化的持守、民族心灵的健全至关重要，经济利益作为附属品会自然而然产生的。真正有价值的不是黄金，而是比金子还要珍贵的民族心灵，这是传统文化的价值所在。

神话传说中的节日

田兆元

有神话的节日影响大，没有神话的节日影响小，这是一个事实。民俗，节日和神话三者形态交织，呈现出多彩的局面，节日神话乃是神话中最为引人注目的瑰宝，也是节日的魅力所在。节日的神圣化是节日社会管理的一部分。因此，我们应该重视节日神话作为社会管理资源的重要作用。

从精神上来说，神话传说是民族之根。以中国神话为例，"炎黄子孙，龙的传人"八字可以引起广大民众的普遍认同感，这样两个神话的短语却能代表中国。这不是当代的建构，而是千百年来的文化认同。当然有些人要质疑这个问题，这其中有些人不了解历史，有的人则是动机不纯。这就是说，神话对于国家认同十分重要，神话支撑下的节日对于一个民族同样重要。

神话对于地域认同的建构也很重要，当然这种建构同样需要时间。上海有条黄浦江，是上海的母亲河，传说是由春申君所修，有很多的故事。从文献、考古研究来看，这种说法可信度很低，应该不是真实的。较为准确的说法，黄浦江是明代修的，但是人们愿意接受黄浦江是春申君率领所修这种说法。春申君是著名的政治家，文化领袖，荀子都出于他的门下，荀子担任县令，是春申君推荐过去的。他是东南及上海一带的早期开拓者之一，在水利方面做出过很多的贡献。在苏州有春申君的城，汉代司马迁见到这个城的时候还感叹春申君的威望，百姓都在怀念他，足以说明春申君的影响力。所以从明清以来，上海人愿意认春申君为"根"，把自己看成他的子民，这是一种情感的认同。我们在做历史研究的时候不能用历史事实去否定这种情感的认同，那种以所谓的的历史知识来否认神话的知识是不恰当的。这就跟把理性认知与情感认同混为一谈一样是错误的。明清时期的上海学人比我们今天的学者水平不会差，难道他们会相信眼看着别人开挖的河流是春申君挖的，但是他们愿意把当下的成绩赋予给一位历史伟人，愿意将其塑造成为一个信仰的对象，这就是当年的上海人的胸怀。

神话传说是对历史的活用，这样我们就能记住历史。再如《三国演义》，我们可以很清楚地记住其中的故事，但《三国志》的内容我们却记不住，所以《三国演义》的社会影响大于《三国志》，《三国演义》中刻画的关公忠义的形象带来了关公崇拜的兴盛，同时带来了关帝庙的遍地兴建。这一过程，要是没有神话的参与是不可能的。今天看来，《三国志》里面的关羽对于中国社会的影响可以忽略不计，而神话中的关羽却是民族精神的象征，是中国文化的杰出代表。因此，神话对于将一种文化提升，将一种文化民俗化，起到非常重要的作用。

地方的庙会节日往往与神话传说有关，因此，地方节日也是在神话传说的驱动下发生的。所以，神话与节日，对于我们这个国家，对于地方社会都具有重要的影响。

今天我主要讲两个问题：民俗，节日与神话的关系问题、神话与节日时间管理问题。

一、民俗，节日与神话关系问题

关于民俗与神话，这是两个有着密切关系，但是又有差别的概念。因为二者都是我们要说的节日问题的两个关键词，因此首先要讨论这两个问题。民俗学是专门关于文化的活态传统的研究。这门学科从西方传来有一百多年的历史，它在国外的真正的学科历史也不过一百多年，而关于风俗观念，风俗管理的思想历史在国内外都很悠久。中国民俗学的传统也是源远流长。中国的民俗学学科历史与中国民俗观念发展历史是两个概念，应该说，中国传统的民俗观的内涵要大于中国现代民俗学的内涵。我国早在孔子时代提出的"入乡问俗""移风易俗"的管理方式，以及老子提出"因风顺俗""安居乐俗"的社会管理建议，其鲜明有效的社会建设方案，影响十分深远。孔子和老子曾经相会讨论，所以他们两人的社会管理思路整体上是一致的，互补的。（图1）

在中国，风俗管理历来与政治管理密切相关，首先是一个政治问题，社会管理的问题。中国近代社会出现国力衰败与民众信心失落，有识之士提出通过移风易俗来改变风尚，是当时较为普遍的一种观念，因此，有人认为中国近代的风俗观应该是中国现代民俗学的起点。可见，无论是国内还是国外，民俗用于社会管理，用于民风建设，与学科本身没有太大的关系。

民俗是怎么发生作用的呢？民俗有许多的特征和功能，我们在这里不可能

图1 汉画像孔子老子相会图

全面来讲。这里只讲一个核心问题和一个相关问题。一个核心问题就是民俗的概念：民俗是生活的华彩乐章，是提升日常生活境界的文化要素，是传统的活态形式的当代演绎，是世世代代流传的文化精华形态。它是文化精英与人民大众合力创造的具有强大的认同感的特定区域和族群的文化资源与财富。民俗具有规范、审美与信仰的基本特质，既具有庄严神圣的特性，又有快乐唯美的特性，而认同性则是民俗功能的核心话语。这就是我们讲的关于民俗的第一个问题，即民俗的概念——民俗的基本属性问题。

下面我们讲民俗的相关问题，即民俗的叙事性问题。民俗的核心问题是叙事问题，民俗也要通过叙事来建立认同，叙事是民俗的显著特性。民俗以叙事为本，民俗因叙事而成，因叙事而成就其功用。但叙事不是民俗的专利，很多的文化形式都要叙事。民俗的叙事不是一般的叙事，而是神圣叙事。神圣叙事，一般来说就是指的神话。民俗的叙事，很大的程度上就是神话叙事。

于是，我们发现，作为民俗的节日与作为节日的神话是怎样奇妙地联系在一起了。既然节日是民俗，民俗又要以叙事来建立，那么节日的建立就是建立在神话的基础上，这里从逻辑上看完全说得通了。我们在这里就主要讨论作为神话的节日，或者作为节日的神话，它的一些重要的功能。

节日民俗有很多的功能，其中很重要的功能是民族国家认同，国家的同心同德。比如清明节炎、黄二帝祭奠，必定会邀请国内外同胞参与，包括海外侨胞、港澳台同胞等的参与，以体现全球华人的认同。（图2）

现在出现的一些问题，就是认同感出了问题，民俗学和神话学的建设出现了问题，所以必须要扩大民俗学研究的队伍和民俗建设的队伍的规模，加强对于民俗叙事话语的建构与传播。清明节的叙事，在社会组织的祭典中，其中关于黄帝的叙事，先是碑文"人文之祖"的整体定位，这是语言的叙事，而官方通过祭文叙述的关于黄帝的神圣故事，关于黄帝陵的神圣叙事，关于古柏的叙事，其他的历代叙事，无不对于中华民族的整体认同相关。自

图2 戊子黄帝祭典

《史记》以下，诸多史书描述的各民族的祖先大都与黄帝有关，这也是一份珍贵的语言叙事遗产，而民间的叙事更为丰富。庙宇陵墓，加上碑文建筑，物象叙事则提供了实物的证据，加深了对于祖先的认同。而仪式，尤其是节日祭典仪式，则是民俗的行为叙事，执翟舞、祭献等，用行动演绎黄帝的神性，将神话活化。神话一般来说是通过祭祀仪式来呈现其神圣属性的，所以行为的叙事是非常重要的。黄帝的祭祀从先秦就开始了，也就是说，黄帝故事从先秦开始就已经神话化了，因此这样一份资源才如此丰厚。其融入节日活动，更加焕发出强大的能量。（图3）

这就是我们说的民俗的三种叙事形态，即语言的叙事形态，仪式行为的叙事形态和物象的叙事形态。三种叙事形态是民俗的构成，也是神话的构成，当然也是节日的一种构成。

又如中秋节假，为了家庭的团聚，事实上也是有认同上的功能的，无论是小到家庭，还是大到国家，中秋节都有认同家的作用。春节更是如此，它有着一种强大的感召力。近年在中国春节期间，甚至出现了一路从广东冒着风雨严寒，骑行摩托车回四川过年这样的壮举，这个有着两千年以上春天的节日，具有无穷的能量。（图4）

民俗依靠叙事增强民族认同和地域认同，60%左右的台湾人信仰妈祖，这是一种非常重要的因素，而妈祖祖庙在湄洲岛，这样两岸之间形成了信仰的认同，这实际上就是心理认同。关于妈祖的神话有几十个，都会在妈祖生诞的时候不同程度地上演，节日于是形成了神话的展演。除了认同问题外，节日信仰更多的是为了个体、家庭和社会的幸福，因此有更多的与神灵交流的仪式（图5）。

华东师范大学罗永麟老先生曾提出过四大民间故事的说法，《白蛇传》、《孟姜女》、《牛郎织女》和《梁祝》这四大故事说法的提出产生了非常积极的影响，这几个故事凸显出来的传播和影响力就分外地加大了。其

图3 汉代黄帝画像石

中《白蛇传》通过影视作品和戏曲等手段的传播影响力最广泛，社会效益和经济效益不可估量，它直接增强了杭州城市的魅力。民俗通过叙事来增强传统认识，来传承民族传统，只有在叙事中我们的价值才能得到呈现。传统《白蛇传》故事与现在的并不一样，它的本意在告诫青年男子不可太好色，《西湖三塔记》中的奚宣赞其实是许仙的前身，他因贪恋美色最终被妖精杀害甚至心肺都被吃掉。这个故事对人在欲望面前的表现揭露得非常真实，面对欲望，人有时连生命都置之度外，有着深刻的现实针对性，它教育青年男子应以事业、身体、家庭为重，对情感的欲望要有个度。这其中法海的形象是正面的，是关心保护青少年的导师。五四时期，人们则赞成青年男女这种为爱抛弃一切的行为，反而将法海看成是破坏婚姻自由的老封建，这两种价值观在不同层面都有道理，也体现了白蛇传故事的多文本、多主题的特性，每一个层面都有价值。故事中的法海来自镇江，对法海的不敬还体现了镇江和杭州的地域冲突，故事一部分的发源地是杭州，所以有提高杭州地位，贬低镇江地位的倾向。如同从神话传说中我们可以体会到苏州、浙江人对西施的复杂情感一样。神话传说的文化价值并不能被单一地看成光荣或耻辱，在不同的场合有不同的解释。神话传说是现实的反映，形成的民俗传统表达了

图4 春节回家的摩托车大军

现实关系与现代价值。

神话传说中这种关系往往是和节日联系在一起的。清明游湖,故事发生,这就是说,因为清明这个节日,成就了一个新的神话故事,然后叠加到清明节日的神话之中。而端午惊魂,则是白蛇传故事的高峰之一。叙事成就功能,《白蛇传》就成就了理性主义克服内心欲望的教育功能,同时也有宣传爱情至上的功能,这些都是通过叙事来实现。节日文化则促进了这种价值的完成。

民俗是生活的华彩乐章,民俗不是普通的日常生活。人生中最重要的一段时间是由民俗来规定的,这就是人生礼仪,是生命个体的节日,这个个体的节日是群体认同的,因为个人的节日是要靠群体来实现的。新生儿要办庆典,人有生日、婚礼、葬礼,这些都有特定的仪式,也是人生的盛大节日。新生儿要进行"洗三"、报喜的庆典,生日要吃长寿面,葬礼正式宣告人生的终结等等,民俗是生命和文化的确认方式。上海丧葬文化、墓碑文化、墓园文化都显得太过简单,应该引起重视。而在一些乡村地区我看到过很多雅致的墓志铭,墓联,如:"堂前教诲言犹在,墓旁哀思泪长流"非常情真意切;"人间未遂青云志,天上先成白玉楼"这是一种生命的尊重;"天宫有请,地府虚名,一梦黄粱,人世永诀,呜呼哀哉"这是神话对生命的安抚。清明节,大家都要去扫墓,但是墓园文化色彩淡漠,这都会影响社会的道德风尚。

清明节介子推的神话故事是一个大的节日叙事,是关于该节日的公共叙事,但是各个家庭又有自己的叙事。在扫墓的时候说起祖辈的故事,是口头叙事;准备香烛、饭菜、磕头,这是用行为在叙述和传承家族的故事,很是庄严

图5　妈祖诞

神圣。现在物象叙事偏弱，应该要建立具有叙事功能的景观，但这是个不小的难题。只要有心，也应该不是问题。现在丧葬的空间日益缩小，清明扫墓，假如没有了墓地，那就是一个问题。现在提倡生态葬，主意是好的，但是要让亡者一点可供纪念的空间都没有，这还是很难的。节日的举办要有相对的节日空间，有特定的地域，特定的景观，更要有关于景观的叙事。节日，民俗和神话三者是密切关联的。因此，20世纪大夏大学的谢六逸教授在他的《神话学ABC》一书中提出：民俗学就是神话学，神话学就是民俗学，二者只是名称不同。应该说是很有见地的。

节日中神话是核心要素，是节日的依据，是社会政治礼仪和生命礼仪展演，节日就是神话的展演。没有神话就没有节日。没有对祖先的信仰就没有冬至节，没有祭拜祖先就没有除夕夜，没有财神敬仰我们就不会迎财神。因此，民俗与神话的关系不证自明，神话与节日的关系是一种天然的联系。

二、神话传说与时间管理

中国的计时系统是一个神话系统，"大桡作甲子"，即天干地支。传说是皇帝的臣子大桡发明了十天干十二地支，六十一循环，与传统的生命周期接近。天干地支是一种很神秘的体系，在三千多年前商代的甲骨文中就已经出现，若要追溯到黄帝时代则有四五千年的历史，当然这是神话传说。我们的周边很多国家都有与之相似的系统，发明者究竟是谁尚有争议，同样的二十八星宿、四灵等都还没有定论，但它们属于东方文明这一点可以肯定。关于二十八

星宿，最早在春秋时期随国的一个箱子上面发现有四灵和星相，目前还没有哪个国家有这么早的关于二十八星宿的证据。（图6）

二十四节气在秦汉时期出现。《吕氏春秋》中立春、立冬、春分、秋分等最重要的节气开始出现。《淮南子》中记载了完整的二十四节气。中国现在行的是阴阳历，阴历以月为中心，每月为29或30天。二十四节气却是与农业、与太阳密切相关的，是太阳历，冬至那天白天最短，夏至白天最长，把二十四节气配伍在阴历中，是对自然世界的神话般的把握，将太阳月亮运转轨迹变化的高度结合。

还有十二生肖，其实就是关于人生的神话。将人的生命与十二个动物结合在一起，这在各国都有类似的传说，尚且无法判定哪个是最早，只能说是人类共同的遗产。十二生肖也是中国的文化遗产，应当申请为世界文化遗产。生肖系统有几千年的历史，现在大众流行星座文化，民众多一种选择本来没有什么不好，但是现在大家似乎对自己的文化缺少自信心，我认为中国如果要崛起，缺少这种文化自信心是无法做到的。我们可以有多样的文化选择，但如果执意认为我们的文化落后，那么我们在其他方面也会感到自卑，最终辛勤的劳动、收获的钱财会付诸东流，因此要树立民族的自信心，树立一座精神的长城，只有这样才有真正崛起的一天，否则我们只能是，不知道为谁辛苦为谁忙，不仅文化价值无法体现，财富也是没有保障的。

中国的计时系统的最大特点是时空的叠合，春夏秋冬和东西南北结合在一起。春在我们的文化体系中代表东方、代表木；夏则代表南方，代表火；秋代表西方，代表金；冬代表北方，代表水。东西南北和春夏秋冬的密切关联，时间与空间交叠、压缩在一起。这是中国思维的一个特点，也完全是一个神话的思维。

节日时间与日月星辰相关，是天地神明的呈现，是神的秩序，在我们的时间系统中祖先崇拜、历史、哲学融为一体。汉代的图画有日月画中出现伏羲女娲、太阳鸟月亮蛙的符号等等。汉代王充《论衡·说日》："日中有三足乌，月中有兔、蟾蜍。"这是中国古代关于日月的最为经典的神话。伏羲女娲两位祖先正在亲密接触，这种行为和日月阴阳的哲学观念是相关的。这个太阳，神话中人们认为是一只乌鸦托载的，它有三只脚，所以也叫三足乌，或者三足鸟。很多人对三足鸟进行过解读，有各种不同的解释。我调查了先秦时代的许多鸟形铜器陶器，发现很多的鸟都是三足，仔细考察一下这种形态，便会发现，根本不是鸟有三足，而是两足加上一个稳定的支柱，看上去像三个足，有的是出于设计的考虑，弄成跟另外两只足一样，但是都

图6 春秋随国的二十八星宿图

是出于稳定性考虑的艺术设计。但是这样一种设计的广泛存在，影响了人们对于神鸟的认知，逐渐发展出了三足鸟的神话来。鸟在过去也作为性崇拜的对象，三足鸟象征着男性。从中看出时间成了生命的象征，直到现在，太阳、鸟还与男性有着一种关联，太阳崇拜与生命延续相关，他是神话但又非常实际，并至今保存在我们的口语之中。这里的蟾蜍，可能也是取它强盛的生殖功能。对于节日时间来说，鸟也因为其敏感的时间感知，被认为是时间之神。古代许多的计时工具往往与鸟的图案伴随，因此，太阳神话中的鸟神话，实际上是计时的神话。（图7、8）

时间中最基本的元素是神话的构成，关于太阳神话，传说是有一棵扶桑树，上有十个太阳，太阳太厉害了，所以要把那么多的太阳射掉一些，这就是后羿射日的神话，也是大家非常熟悉的神话。人们有各种的视角来解读这个神话。树上有十个太阳，《山海经》记载"九日居下枝，一日居上枝"，有人认为"扶桑"就是墨西哥，在北美洲，又有说是日本。对于神话，我们没有必要去坐实。这里又提到有女子名羲和"为帝俊之妻，生十日，方浴日于甘渊"即给太阳洗澡而十个太阳是由人生下来的，这样的想象实在太惊人。

十个太阳造成大旱，使民不聊生，于是后羿射日，射下来太阳，乌鸦也解体了。对这一神话的解读有多种话语，一般的解读是人与自然的斗争，是抗旱的主题，当然也就是与自然关系的主题，还是解释自然现象的主题。另外一

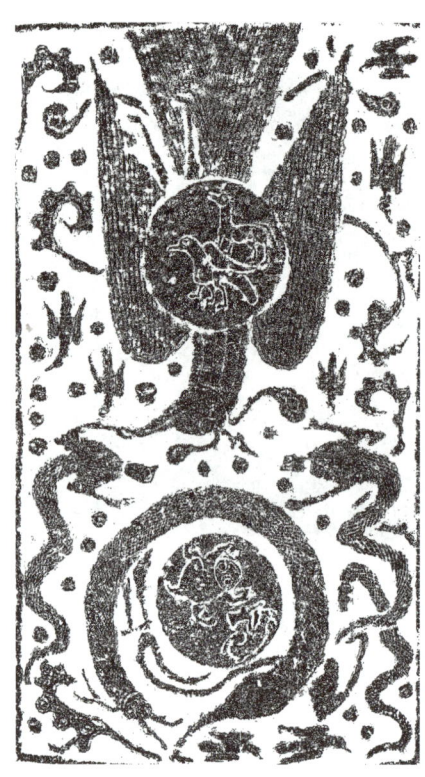

图7 汉画像中的日月神话　　图8 春秋时期的青铜三足鸟

种解读是部落兼并，认为是把十个部落消灭到只留下一个。还有一种解释与历法有关：十个太阳其实就是曾经的十月历法，那时候一个月是三十六天，另外一种说法是十月历法为十二月历法替代，标志着十月历法的终结。现在印第安人，仍使用十月历，中国的西南部也有十月历法的地方，它的体系是一年十月，一月三十六天，一年中有五天或六天年假。所以后羿射日也有人说是暗示历法的改革，把十月历法给废掉了。颁布历法就是时间的管理，就是权力，掌握时间所谓"授时"，这是政权确立的标志，比如我们使用的北京时间。尧时"敬授人时"，一年三百有六旬有六日，以日月定四时，帝尧时三百六十六天可能是当时对一年时间的理解，可能有误差。凡改朝换代，就要换"正朔"，主要是改岁首，定服制，改变服装的颜色，这实际象征着文化的改变。既然是涉及到权力的大事，所以时间问题自然也就会神话化。

过去的朝代变革往往是时间与颜色同时入手。如秦朝，崇尚黑色，应属水，但秦人可能文化发展较慢，自己开始都没有弄清楚，他起初认为自己是西边白帝的后代,所以是崇拜白色的。但打下天下后最终将自己的文化确定为水,选用黑色。汉灭秦后,起初仍然没有将这其中脉络厘清,认为秦人崇拜白色属于金,金畏火,于是汉高祖选用红色。凡改朝换代颜色一定要变,汉王朝后来意识到秦人的正色是黑色后就做了些调整,于是选用黄色,属土,所以司马迁的《史记》将黄帝排在第一位,黄帝成为我们的祖先。而这种颜色与时间也是结合的。商灭夏后就要改正朔,岁首从夏历的正月初一改到腊月初一,崇尚的是白色,属金。周代从冬月建子,定下了冬月是子月,为了克制商代使用红色,即选火。秦王朝定制了"颛顼历",规定岁首为十月一日,该属水,所以是黑色。因此我们知道,时间就是政治,时间的改变是政治改变的前提和标志,时间是一种权力也是对信仰的掌控。民国改用西历,大大改变了时间系统,也改变了颜色。建国以来对时间的认识较为模糊,没有很好地构建对时间的认同,继续采用西历为主调,消灭了我们自己的时间记载系统。前几年开始讨论国家法定节假日,这是很大的进步,而以前清明节等都被划为封建迷信被否定。如何来保护神圣的、科学的中国人自己的历法,这是一项神圣的使命。这一点我们还要多学习古人的智慧。利用传统节日的资源,同样可以达到对于国家与社会的管理。许多的庙会都有这样的鲜明的特征。(图9)

《礼记·月令》中记载每月的行事,核心是由神分别管束一年四季的时间。

这四季加上中间的土,共有五对神灵来管辖特定时间:

孟春之月,日在营室,昏参中,旦尾中。其日甲乙。其帝大皞,其神句芒,其虫鳞。其音角,律中大蔟。其数八。其味酸,其臭膻。其祀户,祭先脾。……是月也,以立春,先立春三日,太史谒之天子曰:"某日立春。盛德在木。"天子乃斋。立春之日,天子亲帅三公、九卿、诸侯、大夫,以迎春于东郊。还反,赏公卿、诸侯、大夫于朝。命相布德和令,行庆施惠,下及兆民;庆赐遂行,毋有不当。乃命太史守典奉法,司天日月星辰之行,宿离不贷,毋失经纪,以初为常。

孟夏之月,日在毕,昏翼中,旦婺女中。其日丙丁。其帝炎帝,其神祝融。其虫羽,其音徵,律中中吕。其数七。其味苦,其臭焦。其祀灶,祭先肺。……是月也,以立夏。先立夏三日,太史谒之天子曰:"某日立夏,盛德在火。"天子乃斋。立夏之日,天子亲帅三公、九卿、大夫以迎夏于南郊;还反,行赏,封诸侯,庆赐遂行,无不欣悦。乃命乐师习合礼乐,命太尉赞桀俊,遂贤良,举长大,行爵出禄,必当其位。

中央土,其日戊己;其帝黄帝,其神后土;其虫倮;其音宫,律中黄钟之宫;其

图9 龙华庙会的出会仪式

数五,其味甘,其臭香;其祀中雷,祭先心。天子居大庙大室;乘大路,驾黄骝,载黄骝;衣黄衣,服黄玉;食稷与牛。其器圜以闳。

孟秋之月,日在翼,昏建星中,旦毕中。其日庚辛。其帝少皞,其神蓐收。其虫毛。其音商,律中夷则。其数九。其味辛,其臭腥。其祀门,祭先肝。……是月也,以立秋。先立秋三日,太史谒之天子曰:"某日立秋,盛德在金。"天子乃斋。立秋之日,天子亲帅三公、九卿、诸侯、大夫以迎秋于西郊,还反,赏军帅武人于朝。天子乃命将帅选士厉兵,简练桀俊,专任有功,以征不义,诘诛暴慢以明好恶,顺彼远方。

孟冬之月,日在尾,昏危中,旦七星中。其日壬癸。其帝颛顼,其神玄冥。其中介。其音羽,律中应钟。其数六。其味咸,其臭朽。其祀行,祭先肾。……是月也,以立冬。先立冬三日,太史谒之天子曰:"某日立冬,盛德在水。"天子乃斋。立冬之日,天子亲帅三公、九卿、大夫以迎冬于北郊;还反,赏死事,恤孤寡。

这里对于四大节日的行事规范,井然有序。节日的神话与节日礼仪浑然一体,节日的神圣行为与日常的世俗行为叠合,体现出节日时间管理的强大的社会功能。

节日是生命的礼赞,是一种吉祥的期许,带来幸福的期盼,为日常生活增添光彩。2008年金融危机时我曾在上海图书馆做过《财神与中国文化精神》的讲座,其中谈到,在发现民众没有信心的时候,社会需要进行鼓励。迎财神的鞭炮声实际上就是经济发展的动员令，扫荡了阴霾之气，以一种浪漫甚至带点狂放的情绪中消除过去，迎来新一年的吉祥之气，这就是现实社会动员的最好形式。

牛郎织女的故事转为七夕节，是神话与节日结合的典范。七月七由乞巧转为爱情祈祷，具有现实意义。这个天文故事的起源最早在《诗经》中记载：

维天有汉，监亦有光。跂彼织女，终日七襄。
虽则七襄，不成报章。睆彼牵牛，不以服箱。

距离今天，牛郎织女故事已经有三千多年的历史。一千五百年前的《荆楚岁时记》记录了七夕"人家妇女结彩缕穿七孔针，或以金、银、鍮石为针"、陈瓜果"于庭中以乞巧，有喜子网于瓜上，则以为符应"的习俗。牵牛织女的分离有多种解释，比如婚后偷懒，借物不还，五四时期流行私自下凡受惩罚一说，还有自愿逃离的说法。其中自愿逃离的情况较多，织女是自愿逃离的，是一个悲剧的故事。讲述七个仙女在洗澡，一个男子偷藏了一件羽衣致使仙女无法返回，便被他娶回家中做妻子生下三个女儿，后来她通过女儿找回自己的衣裳逃走。牛郎织女的故事原型是一个贫困的男子找不到配偶，用一种近乎耍无赖手段娶到一个女子，这个故事真实反映了一个穷苦男子的命运，七夕故事实际上是一个悲怆故事，也非常现实。七夕节在现在发展成为情人节，已经蔚然成风，有不可阻挡之势。它对于弘扬正常的情感，维持家庭甚至维持日渐衰败的人口的增长都有着很重要的意义。

节日神话很神奇，带来我们对自然和生命的尊重，带给我们对于社会的管理方略。所以我们要热爱节日神话，尊重每一个节日的文化内涵。我们在弘扬继承节日文化传统的时候，一定要明白：没有对于节日神话精神的弘扬，就不可能达到对于中国文化的弘扬。

让节日神话负载节日文化内涵，飞得更高，走得更远。

信仰里的节日

张士闪

在当今现代化、全球化的语境下，很多传统节日因为缺少与现代生活的对接，正逐渐淡出人们的生活世界，"年味淡了"、"过节没意思"等慨叹由此而起，甚至成为一种比较普遍的社会共识。这一现象值得深思。我所谓的"信仰里的节日"这一命题，既可以理解为节日是信仰的产物，也可以理解为——如果缺少了节日的集中性表达和强化，信仰也将难以为继。这一命题还会引发我们进一步的思索：节日的根本性意义是什么？当今节日文化的衰弱是否与其信仰内核的残缺有关？

一、信仰里的节日生成

当我们面对高耸入云的山峰，当我们面对奔腾不息的大河，一种神圣感便油然而生；当我们揣摩高不可攀的天空世界，当我们思索深不可测的地下世界，其实我们的信仰世界也已经在萌动。在原始先民的生活中，当他们遥望星空，大自然充满了种种神奇——日月星辰的运行，春夏秋冬的变化，昼与夜的交替，高山的耸立，江河的涨落，万物的生长，以及人的生与死、病与残、睡与梦等现象，真是奇妙无比！他们对这些问题莫知究竟，编织了很多想象，导致了灵魂观念的产生，进而按照通联互渗的野性思维方式推"灵"及物，使得"万物有灵论"在原始部族中普遍流行。由此在原始初民的物质生活之上，构筑起无比强大的自然神信仰空间。（图1、2）

可以说，在人类生活的早期，信仰曾是人类社会意识形态方面最主要的传承形式。自然神信仰、图腾信仰、祖先信仰和比较抽象的神格信仰，都与人们在特定历史时期中对客观物质世界包括人类自身的认识状况有关。人们需要在日常生活之外，安顿自己的心灵；当他们在生活中相对闲暇的时段，

图1 2010年4月19日，山东省荣成市院夼村谷雨节举行祭海仪式

对自己的心灵做一个集中的安顿时，节日便产生了。正如英国人类学家拉德克利夫·布朗所言，"在原始社会中，任何对社会生活有主要影响的事物都必然会成为仪式庆典（否定或肯定）的对象。这种被表现、以至被固定下来的仪式的功能，就是使对仪式所祭祀的物体的社会价值的认识永恒化"。（图3、4）

如何理解信仰？信仰，就是面向大自然所代表的宇宙世界的谛听与顺循，并借此重新赋予日常生活以意义。节日，以信仰为出发点，以安排生活的名义安顿心灵。人从哪里来？人为什么活着？活着有什么意义？人最终归向何处？人生在世，终归要有终极目标，并由此生发出价值观，这一终极目标与价值观的设定便与信仰有关。无论什么时候，只要违背了这个道理，人们的心理就会纠结，整个社会就有可能扭曲。具体到节日生活而言，节日是活法，信仰是说法。节日是人类社会一种普遍性的文化

图2 每年元宵节，山东烟台地区时兴在水缸里放入"金鱼灯"以求吉祥

图3 在昌邑市西小章村马家祠堂中,每年的大年三十挂出载有历代先祖名姓的"老影",春节上午合族拜祭,大年初三收起

图4 山东莱芜市颜庄村村民七月十五这天必须回家,摆设家堂隆重祭祖

147

现象，是具有群体性、周期性以及相对稳定内容和程式的特殊时日。冯骥才说过，个人一年一度的特殊日子是生日，全社会一年一度最重要的日子是节日。节日是我们大家共同的日子。

在生活之中，为什么有些日子为我们特别期待、特别推重，而有些日子似乎就像流水一样悄无声息地逝去？因为节日是一种时间制度，寄寓着民族国家的时间观念。不同的文化对于"时间"的表述和度量有着微妙不同。对生活的不同时段，分别赋予不同价值，有些时段被赋予高于其价值高于其他时段，这可以节日为代表，由此创造出"常"与"非常"的生活节奏。"节"不仅是一种间断，也是一种生活节奏的调节和精神状态的调整。尽管每个民族都自有其节日体系，但有一个共同点，这些节日的形成最初都是基于信仰的激发。"斩不断，理还乱"的信仰，需要整个社会设定一个公约的时段来清理。大家选定一个日期共同敬神，相互之间找到了一种血脉相通的感觉，社会秩序由此得以控制，社会凝聚力由此得以增强。

于是，我们的传统节日，就在历史长河中逐渐凝结成一种比较稳定的象征意象世代传承，并附加了越来越丰富的习俗、传说和仪式，体现了中国传统文化特有的天人合一思想，体现出中国人的生命活动与自然气候节律和谐共振的自觉追求。

二、节日里的信仰生活

一个民族国家是不可能没有神圣意识的，当某种神圣意识经过较长时段的传承凝结为全社会的传统，就必然会在民众日常生活中有所体现，并进一步对该民族国家的文化认同、社会凝聚等方面起到特别的作用。中华民族的神圣意识并非只在节日生活中才有体现，却在节日期间有着特别集中而突出的展示与培育，并以多样化的民间生活叙事为支撑。

中华民族是早慧的民族，很早就形成了以信仰为支撑的岁时节日体系。这一体系萌芽于先秦时期，成长于秦汉魏晋南北朝时期，定型于隋唐两宋时期。先秦时期不仅形成了以春社、伏日、秋社、腊日为主的节日序列，为后世丰富节日文化奠定了一个框架，而且这一时期积累的包括二十四节气和天干地支记日的历法以及包括祖先崇拜、天地崇拜等的原始信仰，也为后世创设繁富的节日民俗准备了大量的文化素材。而无论是清明踏青，端午临水，中秋赏月，除夕守岁，这里都离不开人、神、自然的"三位一体"，中国人以此来拉

图5 每到大年三十下午，高密聂家庄村民都会在自家贴上新剪出的剪纸，色彩鲜艳，寓意吉祥

图6 昌邑市东永安村每年都要用手工扎一头独角大牛，在正月十四烧掉。村民认为，摸牛会给人们带来好运气

长自己的文化生命，延展自己人生的起点与归向。任何一个节日，都牵涉到人、神、自然，并试图让三者在互动之中相互提升。比如，节日规定我们向大自然感恩，向神感恩，因之而强化人与人之间的感恩之情，反之亦然。

在我国传统乡土社会的农耕生活中，一直延续着以年度为周期来安排生活的习惯。在一年中，有农忙，也有农闲，由此构成了民众岁时生活的大致节奏。农事之忙，是为了解决基本生存需要的物质之忙；农事之闲，则是人们集中满足心理需求的精神生产之忙。二者之间又存在着相互依存、相互补充的关系——农事之忙，使人们能够有足够的物质生活资料作保障，好整以暇地从事各种各样的精神活动；精神活动之忙，则按照乡土社会的规则调谐人与人的关系、人与神的关系以及个人的精神世界，如斯方能保持村落生活的日常秩序与农忙时节的生产秩序。一言以蔽之，农事再忙，也要挤出"闲"，以便从事精神活动之"忙"。这样看来，节日本身就是一种文化设置，它对应的是人们对于精神生活的集中需求。这不仅通过异于平时的特色饮食、富有意味的节俗活动等表现出来，也体现于节日期间的信仰仪式活动。这类信仰仪式活动除了调剂生活之外，对民众日常生活乃至整个乡土社会都会发生一定的影响。（图5、6）

比如，每至岁末年初，各地人们都要举行一些大大小小或严肃或娱乐的节日仪式，送旧迎新。年节是新与旧交替的转折点，因此人们的一切活动都围绕这一主题进行。进入腊月，乡民就开始赶集忙年，一点一点置办年货。老北京有首《年谣》唱出了"忙年"的大致程序："小孩小孩你别馋，过了腊八就是年；腊八粥，过几天，哩哩啦啦二十三；二十三，糖瓜儿粘；二十四，扫房日；二十五，炸豆腐；二十六，炖白肉；二十七，宰公鸡；二十八，把面发；二十九，蒸馒头；三十儿晚上熬一宿；大年初一去拜年：您新禧，您多礼，一手的面不搀你，到家给你父母道个喜！"人们根据约定俗成的惯例，给年关时节不同的自然时间赋予各种文化意义。于

图7　2005年春节期间，北京顺义区民间文艺汇演中的"五鬼闹判"

图8　每年正月初八，昌邑市西小章村都要组织竹马表演

图9　2008年春节期间，河北平乡县梅花拳拳民自发组织武艺切磋交流表演活动

图10　2011年4月25日，浙江象山县东门岛渔民举行谢洋节

是，自然的时间运转与人们的习俗行为，共同营造出浓浓的年味儿。诸多年俗有着严格的时间界限，并最终落实于一系列的生活实践中，构成了一个心理期待、满足与释放的完整过程。人们在忙年的同时，世代积累下来的有关"年"的神圣意识也被激活、重温，春节因此成为中国传统文化及地方知识传承、强化的集中时段。[1]（图7、8、9）

值得注意的是，中国人特别强调敬畏自然，适应自然，并能够上升到欣赏自然的高度，这在节日活动中表现得特别明显。人们在节日活动中亲近自然，清明踏青，端午临水，中秋赏月，除夕守岁，感受生长的美、运动的美、圆满的美。这样的节日生活，就是基于个体情感与群体的文化共振效应，而面向纯粹人格生成的引导和塑造，由对自然的审美转化为社会和人伦的

观念，成为以和气、团圆为价值的社会观。传统节俗之中，可能有一些"搞迷信"的活动，但在很多时候，是通过具有可视性、具体可感的"迷信"方式表达较抽象的思想关怀。高丙中提醒说，在观念上区分信仰、俗信和迷信是非常必要的。信仰、俗信是共同体价值共享的心理基础，造成恶劣后果的信仰才可以被归入"迷信"。如果把节日活动中的信仰和俗信都视为"迷信"，我们的社会就没有了互信和认同的共同约定。而没有信仰、俗信（其中一些被标为"迷信"）的社会，还从来没有在人类历史上出现过。节日与信仰在中国传统社会中曾经是水乳交融般地相倚而存，时至今日，依然是"你中有我，我中有你"的密切关系。(图10)

三、信仰与节日：近现代中国的双重失落与再造

目前几乎覆盖全世界的时间制度起源于西方，扩张于近代以来，以西历、礼拜（星期）、承认时差的国际标准时间、钟表和手表工业为代表。由此带来的便利是显而易见的，但诸多问题也由此而生。放眼整个20世纪，中华民族的节日时间制度，连同其信仰内核，都曾在现代化进程中遭受灭顶之灾。

其实，不仅是传统节日，中国传统文化的整体系统都在近现代历史上处境尴尬，常被视作阻碍历史车轮滚滚向前的旧文化的一部分，在不同程度上受到冷落、轻视甚至批判。"自清朝后期中国开始现代化进程以来，就一直存在着传统和现代的争执。曾几何时，无论官方还是众多知识精英，都以为只有破旧才能立新，只有抛弃传统才能走向现代，于是包括传统节日在内的传统文化一律被视为落后的、封建的而受到抨击和排斥。"[2]略加追溯就会发现，对传统节日的疏离或打压早在太平天国时期即初露端倪，在洪秀全"钦定"的《天历》所颁布的天国六大新节中，或为西方基督教节日的翻版，或为太平天国领导人物的寿诞纪念日，而无一传统节日。《天历》甚至明令禁止按照旧历安排生活，违反禁令者要受到严惩。太平天国起义虽是昙花一现，但重西轻中、抑旧扬新的西化思想却一直延续到20世纪。

1911年辛亥革命推翻旧制，新建立的中华民国采取西方的历法制度（阳历），制定了新的节日[3]，试图以此展示其文明新形象。作为国家政令，它显示出我们要跟过去的生活告别、融入以西方为主导的世界格局的决心，并在民国时期得以延续。如1928年12月28日《中央宣传部电告元旦宣传要点》："迷信是国民革命进程上的障碍物，旧历是迷信的参谋本部，我们要完成革命

图 11　山东东昌府年画《对鞭锏》

的工作,就要废除旧历,实行国历。"这种打破传统时间制度的做法,不仅当时的民众难以接受,文人阶层也颇有微词。如"什么推行国历,那不过是抄袭外来的东西,这些的所谓国历,也不见得比咱们的旧历怎样的方便,咱们的国家可惜太弱了,所以这些旧历也蒙罩了一个不幸的'禁止'的镣锁。"(落漠:《旧历除夕的追忆》,《大公报》1930年2月12日)虽然把农历正月初一正式命名为"春节",并设有假期,但由于种种原因并未真正实施。自此以后,革命化、现代化(其实是西方化)的浪潮一波高过一波,以农民所代表的芸芸众生往往被视为愚顽不化的社会群体,成为被民族国家重点改造的对象。与之相应的是,农民文化逐步被边缘化,与传统农耕生活密切相关的传统节日厄运难逃,被视作一种阻碍历史车轮的旧文化予以取缔,其活动空间逐步压缩,包括春节在内的传统节日的衰微也就势所必然。

1949年,新中国成立前的第一届政协会议通过"公历纪年法",依然将阳历的1月1日定为"新年",将农历正月初一称作"春节",并规定春节期间放假三天。现代春节被纳入国家的政治体制之内,有了自己的身份和地位,然而这种身份的确立是以节日假期的减量和节俗活动的改造为前提的。较之古代传统社会中的春节假期,此时春节的假期不但天数减少,而且其主要节点正月初七、十五的休假也被取消。此时，新成立的国家政权急欲对国民整体进行思想改造，于是春节期间的诸多节俗活动也被创新式的赋予了政治使命。如年画这一历史悠久、为民众喜闻乐见的春节装饰艺术，其形式与内容均发生了戏剧性变化，传统门神画中执鞭带锏的尉迟敬德、秦琼一变而为手持钢枪的两个解放军战士，灶王画中灶王爷的形象也被一幢革命烈士纪念碑取代。1967年1月30日，国务院终于下发通知，春节不再放假，要求大家过一个"革命化的春节"。之后十年，传统春节从国家节庆体制中抹除，过春节被描述为落后反动的行为。"三十不停战，初一坚持干。"（图11）

1979年1月17日，《人民日报》发表"为什么春节不放假？""让农民过个安定年"两篇读者来信，部分省区宣布恢复春节，次年全国恢复旧制。从2006年的春节，到2010年的中元节（以"香港潮人盂兰胜会"的名义），传统意义上的九大节日均被视为准国宝，贴上了"国家级非物质文化遗产"的神圣标签。2007年，国务院对国家法定节假日进行调整，春节放假3天，清明、端午、中秋各放假1天。

从上述节日制度的近现代变迁可以看出诸多端倪。在中国的传统社会，一直有官民之分，但是官方对假日的安排是与民间节日高度整合和统一的。在传统社会，官方对传统节日更多地是采取积极参与的措施，以认同为主，以硬性的干预辅之，这从历代官方制定的节日休假制度中可见一斑。当官方与民间在维护节日生活方面更多地保持了一致性，传统节日就能保持比较稳定的传承和兴盛，塑造出国家社会"国泰民安"的积极形象。反之，传统节日就会陷入僵化，节日生活危机出现，甚至引发剧烈的社会震荡。在近现代以降，特别是20世纪的大部分时段，由于深受官方意识形态的影响，传统春节的假期明显地呈现出固化和减量的景观。而从民国时期开始，官方对传统民俗节日的时间和内容进行明确、直接的干涉，出现压制与抵制的对立关系，最后官方节日框架名存实亡。1949年新中国成立，国家政府按照意识形态和阶级属性的要求，逐渐创设符合国家政治意识形态的公立节日及仪式，并不断地对传统节日习俗施加影响，以期改造民众的生活世界与精神世界。

四、当代中国："拼盘"的节日与"夹生"的信仰

在现代社会生活中，日常生活与节日生活的界限渐趋模糊。目前我们实行的星期大周末制度，在西方原本是有着神圣感的意义的，但在我国缺乏文化内

图12　元宵节，山西吕梁地区时兴猜灯谜活动

涵，只是一个"消极"的休息日。当今民众对传统节日表现出一种特别矛盾的复杂情绪：一方面觉得过节没有意思，得不到期望中的乐趣，节日的吸引力在降低，意义在消减，但同时又普遍具有一种自觉的文化要求，认为传统节日应该传承，内心深处仍然对其有难以割舍的情怀。从人们对于传统节日的这种感性层面与理性层面的多重纠结中，不难看出，他们对于传统节俗已经没有了农耕时代那种浓烈的情感，节俗内容的革新已经成为人们普遍的期待。从另一角度来说，人们对于传统节日的较强的心理期待，也在今天社会构成了其复兴的强劲动力。基于上述反差而在民众心头产生的危机感，应成为传统节日的当代传承创新的契机与起点。（图12）

　　大致说来，当今中国节日生活呈现出明显的"拼盘"特征。它主要包括三大板块：（1）国家层面按照阳历制定的节庆典礼，占据主导地位，如元旦、三八、五一、国庆；（2）传统阴历节日，处于整体上的下滑趋势和价值重整的状态，如二月二、清明、端午、七夕、七月十五、中秋、春节、元宵节；（3）外来嵌入的节庆活动，如圣诞节、情人节、母亲节等，在一定程度上能满足当代民众对外开放及张扬个性等方面的需求，因而在都市社会中占据优势。比如近年来被很多人热捧的"中国情人节"——七夕，因为伤感有余而浪漫不足，很难抵御西方情人节中玫瑰花、巧克力和情人卡的浪漫攻势。但值得注意的是，很多西方节日进入中国以后，都会经过一定的"中国化"改造，如

圣诞节在一些城市很是流行，但西方节俗中的圣诞树甚或圣诞老人经常省略掉了；过"平安夜"，在很多人心目中基本上就是小情侣约会的节日；愚人节不符合国民心态，终究难以进入公众生活。

当今中国节日的"拼盘"性质并非只有消极意义，包容不同的节日文化并予以并置，就为其互动与涵化创造了条件。中国节日生活的最大问题，其实与信仰的弱化甚或缺失有关。信仰，最初都是"地方性知识"，其实是节日文化的内核。其纵向传承与横向传播所展现出的文化力量，都与内具的神圣感有关。在我国传统节庆体系中，借助"全家福"式的团聚天伦、亲友（尤其是姻亲）礼尚往来以及敬长者、拜祖先、祭鬼神等仪式，建构并满足中国民众所追求的幸福感和价值观。这些信仰因素，如何在当今社会中予以传承、激活与再造？鉴此，我认为如下方面应予以特别注意：

（一）建议在保证国家法定假期总天数不变、体现国家文化认同的法定假期（元旦、五一、十一）不变的前提下，以城市为单元实施弹性放假制度。传统节日表现出很强的"在地化"特征，不同地域的民众即使是对同一节日的认知、评价、参与和期待是不一样的。比如山东莱芜地区"七月十五"的神圣性堪比春节、荣成地区"谷雨"的隆重程度更甚春节，北京市门头沟区板桥、庄户、千军台三村在元宵节期间讲究阖家团聚而春节则不强求等现状，说明不同地区受到地理条件、生活方式、文化传统等因素的影响，在节日的时间制度、节俗活动安排等方面自有传统。以省区或市区为单元实行有限度的弹性放假制度，对于保护文化多样性、改善民生具有重要意义。

具体而言，可赋予地方政府一定的节日立法权，使其灵活搭建服务民众的节日平台。可先以地级市为区域单元的改革试点，由政协或人大来组织操作，广泛征求民意，尊重专家意见，根据当地节日传统制定出符合一方水土的节日放假制度，并对之进行质量控制。

（二）以兼容并包的开放态度对待外来节日或新兴节日，先不必急于对其作价值评判。

在强调弘扬传统节日的同时，应以兼容并包、海纳百川的态度对待外来节日文化。其一，在当今时代，提倡文化多样性、强调文化包容性已经成为一种世界性的共识，绝不能一味强调对传统节日的遵从而陷入孤芳自赏的文化自恋，文化绝对主义在当今世界没有出路。其次，人类文明中含有普适性的价值，任何一种节日所以能够源远流长经久不衰，其节俗背后一定有着足够的文化合理性基础,一定包含有值得其他国家和民族借鉴与尊敬的因素。比如,西方的父亲节、母亲节强调家庭伦理,愚人节、情人节强调娱乐精神和个性表达等,这些都与我国现代社会的文化需求相符合,是对我国现有节日体系的良性补充,应当加以合理利用。其实,国民在将目光投向外来节日、体验外来节日的同时,也在有意无意中为中国传统节日寻找积极的建构因素。就此而言,国民对外来节日的参与有助于传统节日的现代性转化。[4]

(三)尊重传统节日的神圣感,制定推行中国传统节日现代传承传播的国家战略。

传统节日文化是一个民族与国家的历史与文化、信仰与价值观念的结晶,是民族与国家凝聚和认同的重要标志,是国家文化软实力的重要体现。其重要性甚至关乎国家的文化安全。周文认为,在当今节日文化中的神圣感与崇高感日益消解的情景下,应该以民族国家整体和长远的文化、信仰、价值观建设为目标,制定和推进传统节日的国家传播战略,由国家统一组织、指导、规范和推广,具有内容的明确性、形式庄严、神圣。国家传播战略应与民间传播活动相结合,一起推动着传统节日的传播。[5]笔者赞同这一倡议,同时认为,建立传统节日的国家传播仪式体系,应以充分尊重民众的信仰传统、文化尊严为前提,从民间节日生活中挖掘符号、意象和仪式,在重建节日神圣性的维度上下贯通。传统节日的基本框架固然需要尊重,其传承已久的神圣感尤其需要尊重。

〔1〕 张士闪：《春节：中华民族神圣传统的生活叙事》，《河南社会科学》，2010年第1期。

〔2〕 张勃：《从传统到当下：试论官方对传统节日的积极干预》，《民俗研究》，2005年第1期。

〔3〕 民国初年的新节日和纪念日有民国成立日（1月1日）、国庆（10月10日）、革命先烈纪念日（3月29日）、国耻纪念日（5月9日）等，后来又有孙中山诞辰、逝世纪念日和国际妇女节、儿童节（4月4日）、国际劳动节、学生运动纪念（5月4日）、教师节（8月27日）、植树节（清明日）等。详见张勃：《从传统到当下：试论官方对传统节日的积极干预》，《民俗研究》，2005年第1期，注释21.

〔4〕 张士闪、马广海、杨文文：《中国传统节日的传承现状与发展策略——以鲁中寒亭地区为核心个案》，《山东社会科学》，2012年第1期。

〔5〕 周文：《传统节日的国家传播及其仪式体系》，《光明日报》2013年9月28日。

行走在节日现场
——中国传统节日的调查研究（1910-2014）

李松　王学文

节日是人类社会一种普遍性的文化现象。无论是在农业社会、工业社会还是信息化社会，节日总是贯穿其中，异彩纷呈。它是不同族群依赖于各自的运势，平添在时间之流上的特殊人文意蕴。每个国家的节日都与这个国家和人群的历史传统紧密相关，体现着独特的认知和行为方式，有着独特的人文价值。理解节日，要放在节日生发的历史文化脉络和发展情境之中，要在时间和空间这两个人类社会最基本的认知范畴和运转体系中去考察，同时要兼及与节日有着紧密联系的自然地理、生产方式、政治制度、历史传统、宗教信仰。正因为此，回到节日现场，进入节日现场，也就成了调查、研究节日的基本路径。在世界节日的谱系中，中国传统节日显现出丰富性、地域性、复杂性的特征，同时伴随着中国社会的快速发展和转型，了解和把握中国节日的当代状况和未来发展趋势尤为重要，更加需要来自于节日现场的调查研究。但是中国节日的调查研究状况如何？走过了怎样的道路？有怎样的理论、方法和取向？这些问题尚不见太多的长时段、整体性的讨论。[1]（图1）

　　中国是一个有着悠久文献传统的国度，关于节日的记述既有专书，如《荆楚岁时记》，更大量地散见于地方志书、笔记杂史之中。但是这些文献记述与本文讨论的中国传统节日的调查研究还是有区别的。本文关注的是指具有现代人文社会科学意义和遵循现代学术规范的中国传统节日的调查研究。从这个角度来看，本文考察的是民国以来百余年的时段里中国传统节日的调查研究史，意在通过回溯百余年的历史，梳理当下的情状，进而呈现出在这一过程中内蕴的学术旨趣、社会关怀、方式方法以及困境和趋势，为研究者提供一份学术参考。这里需要特别说明的是我们一般谈传统节日，通常指的是春节、端午、清明等以汉族为主体的节日，但是当前节日定义并不统一，节日、节庆、节会并存混用，在综合考量民族、时间、地域等维度的基础上，本文将采用相对泛化的传统节日的定义，即是指具有历史性、群体性、周期性，以及相

图1 北京春节期间的民间花会——小车会

对稳定的内容和程式的特殊时日,包括春节、清明、端午、中秋等汉族为主体的节日;也包括各少数民族节日,还会兼及广泛而大量的具有上述节日特征的传统的庙会、祭会、歌会等。(图2)

一、眼光向下(1910—1948年)

20世纪上半叶无疑是中国几千年历史长河中社会生活各方面的动荡和变化最为剧烈、最动人心魄的时段。"新制与旧统共存,建设与破坏同行,革命与反动互激,内忧与外患交迫,中国社会的各个方面,无论是政治制度,还是经济基础,是科学技术,还是意识形态及文化风习,无不酝酿着、爆发着重大的变化与改造,并最终为新民主主义革命的胜利奠定了坚实的基础。"[2]在这大破大立的年代里,具有现代意义的大学、科研机构得以建立,经济学、人类学、社会学、民俗学等一批现代人文社会学科产生并发展,文学、史学等传统学科也注入了新的理念和方法,与之相伴随的是一批通古今、识中外、重经世致用的学者和他们培养的学生将眼光从故纸瓦砾堆转向真切的社会生活和民众情感。这也就形成了民国时期引人注目的"中国社会调查运动"。

当时由国内外各主要政治力量和政治派别、地方政府、各学术团体和学校

图2　贵州水族卯节时人头攒动的卯坡

以及学者个人所进行的大量的社会调查。从参与者来看，主要有国民政府组织进行的调查，专业学术机构进行的调查和个人的调查三类，不管哪一类，对节日都多有记述。[3]这些成果多以规范严谨的调查报告、论文留存于世。但是由于种种的原因，这批珍贵的社会调查资料在当今学界仍未进行很好的挖掘和利用，还有大量的资料仍散佚各处、无人问津。幸好近年，李文海、夏明方、黄兴涛对这些资料进行了选编、整理，由福建教育出版社出版了十卷本的《民国时期社会调查丛编》，之后何一民、姚乐野主编出版了《民国时期社会调查丛编（四川大学卷）》。2013年，国家图书馆选编了《民国时期社会调查资料汇编》30册。这些书籍的出版，使我们可以从所选印的报告、论文中窥见当时社会调查的广度和深度。因是社会调查，这些报告、论文多是当时社会状况的直接描述和记录，涉及了当时的婚姻家庭、社会保障、社会组织、宗教民俗、底边社会、城市劳工生活、乡村社会、人口、文教事业、少数民族等，节日作为民众社会生活中的重要组成部分，在这批成果中自然多有涉及。如在丛编的宗教民俗卷中，就有《妙峰山进香调查》、《豫东农村中的旧历年节风俗状况》、《潮安年节风俗》、《河北庙会调查》，在丛编的四川大学卷中有《成都节令风俗之研究》等节日的专项调查报告。在丛编的少数民族卷中，关于海南苗人、凉山彝族、西北游牧藏区、西南羌族等的调查报告里也记述了有关族群的节日风俗。而在丛编的社会组织卷、底边社会卷中则多少涉及到与节日组织有关的情况，如青苗会和行会的报告。当然，收入丛编的还是少数，还有大量的民国时期的有关节日的调查并没有收入，如1922年王卓然的《北京厂甸春节会的调查与研究》；1925年李景汉《妙峰山"朝顶进香"的调查》；1927年叶树坤发表在《燕京学报》上的《福州旧历新年风俗之调查》；1932年郑合成在《社会科学杂志》上发表的《安国药市调查》；1933年山东省立民众教育馆编的《山东庙会调查》；1936年张世文发表在《民间半月刊》上的《定县的新年娱乐》；1936年林用中、章松寿的《老东岳庙会调查报告》；1940年杨堃先生指导的燕京大学社会学系权国英的学生论文《北平年节风俗》等。

这一时期的社会调查者多受过专业的学术训练，在调查中运用现代科学方法如调查问卷、数据统计、田野访谈等方法和手段，报告遵循一定的学术规范，既保存了大量的调查数据和原始资料，又凝聚了代表当时比较先进的中国知识分子对节日的分析、透视，有非常重要的学术价值。以权国英的《北平年节风俗》为例，这篇学士论文是在杨堃先生指导下完成的，作者指出"旧历年节在民间是极有意义的，居民一切生活，无论在'质'或'量'的方面，都有集中于年节的趋势，所以它是一个最有情趣的季节。研究这种礼俗的事实，乃是我们研究社会学的人应有的职责"。论文"在时间方面，系以腊八至二月二为研究阶段——是为北平年节的势力范围，采用社会学的观点与方法，去分析年节社会生活的各方面——宗教生活，经济生活，娱乐生活及道德生活。"[4]材料丰富，结构严谨，对于我们研究北京的春节，和推动当前的节日研究有重要的借鉴意义。再举当时社会调查的大力倡导者之一的李景汉先生的《定县社会概况调查》为例。在这一调查报告中，"乡村娱乐"章节记述了秧歌、大戏和新年的各种娱乐会，"乡村的风俗与习惯"章节记述了新年及其他节令。[5]这类社会调查报告是民国时期社会调查的一大类型。这类报告强调对于实测数据的搜集和整理，重视描述事实，带有鲜明的功能学派印迹，倾向于社会学的研究方法。还有一类调查报告则倾向于民族学、人类学的民族志的研究方法。这一研究方法多以少数民族为研究对象，着重搜集传统风俗与历史源流，且偏向民族志的描述。如凌纯声1934年的《松花江下游的赫哲族》、凌纯声、芮逸夫1947年的《湘西苗族调查报告》。在对赫哲族、苗族的调查研究中，作者记述了赫哲族、湘西苗族的节日文化。

现代学术意义的中国民俗学产生于"五四"时期。从民俗学产生之初，岁时节日就是其重要的研究内容，因此对于岁时节日的探讨也始于这一时期。这一时期的民俗学对节日的研究主要有两大类型，一是对岁时节日民俗的考据性和文献梳理性研究，如谢国桢1927年的《寒食清明考》、闻一多写于抗日战争时期的《端午考》、娄子匡1935的《新年风俗志》、容肇祖《中秋的起源和唐代的传说》，典型的还有胡朴安1923年的《中华全国风俗志》。他对各地方志和古今笔记、刊物中所载风俗进行了汇编，其中涉及到不同地区不同民族人们过节习俗。对岁时节日民俗的调查及描述是民国时期民俗学节日研究的另一大类型。这些调查及描述泛泛地讲都可归于民国时期社会调查运动的成果之中，但是从切入的角度、调查的方法和书写的方式来看还是有着民俗学节日调查的特点。以20世纪20年代后期至40年代广州国立中山大学民俗学会编印，钟敬文、容肇祖、刘万章、杨成志等先后担任过编辑的《国立中山大学民俗周刊》为例。在一百三十余期的《民俗周刊》中，有关节日的传说故事、各地节日风俗不仅散见于多期之中，而且还推出"新年专号"、"清明专号"、"中秋专号"、"妙峰山进香调查专号"等，对某一节日进行专题探讨。在刊出的文章中，以张文焕《闽南正月的风俗》（第68期）、袁三英《河南除夕风俗》（第74期）此类的一般性节日风俗介绍为多，但在"妙峰山进香调查专号"和部分刊期中，也有学者深入到乡间开展调查的成果。这些成果虽然与当下民俗学严格意义上的田野调查还有不同，但无论是学术倾向还是研究方法上都在很大程度上开创出民俗学的一条治学路径，所以1925年以顾颉刚为引领的北京大学研究所国学门风俗调查会所进行的妙峰山调查也就被认为是中国民俗学田野调查的肇始。

  应该说，民国时期的节日调查研究无论从量和质上都有着突破的意义。在政府、学界广泛参与的社会调查运动的大潮之中，作为民众社会生活组成部分的节日获得了很多的关注。从以上的梳理可以看出，这些涉及节日的调查，因为调查目的和学术背景的不同，其呈现出的成果也有差异，但无论是国民政府组织进行调查，还是作为现代学科意义的社会学、人类学、民族学和民俗学开展的调查，总体上反应出"眼光向下"的时代特征。当时的中国风云激荡，中国的知识分子在寻找救亡图存、振兴民族的道路上第一次集体性的将眼光从高高在上的经史典籍投入到广大民众的社会生活中。虽然众多的调查者是将包括传统节日在内的文化标示为落后、蒙昧的代表，将承载这些文化的民众作为需要改造、教育的对象来进行调查研究的，但是这些调查却是在坚持着严谨的学术态度和一定的学科规范的基础上完成的，秉持着"思想必根于事实，建设必本于实况"，[6]"主张用科学的精密的方法，研究我们自己的现实社会。我们必须先认识自己的社会，然后才可以根据这认识规定改进社会的计划"[7]的原则。赵世瑜在研究1918年至1937年中国现代民俗学思想史的著作中，就以"眼光向下的革命"为题，揭示出这一趋向。[8]而他的这一认识对于从整体上把握民国时期节日调查的取向也具有解释意义。

另外，民国时期的中国节日调查研究领域还有一类我们不能回避的成果，即由西方传教士、外国学者这些广义的汉学家对节日的调查、记述和研究，以及南满洲铁道株式会社以服务于日本殖民侵略为目的而进行的中国农村惯行调查。美国公理会传教士明恩溥（Arthur H. Smith）在华生活近五十年，于1899年出版了《中国乡村生活》，以一个外国人的视角记述了乡村新年和求雨仪式。美国学者甘博（Sidney Gamble）是燕京大学社会学系的创办人，深刻介入了当时的社会调查运动。他在20世纪初对中国城乡进行了广泛深入的调查研究，在其1921年出版的《北京的社会调查》中，对民国初北京城的节日也有涉及，特别是他还拍摄了很多当时节日的胶片。美国作家赛珍珠（Pearl S. Buck）在描写中国农民生活的长篇小说《大地》中对于淮北新年的记述，也有着别样的研究价值。为配合对华侵略，日本在中国从1900年直到1945年的四十余年时间里对中国农村进行了广泛的实态调查，其中有相当一部分是关于中国农村传统习惯与秩序的调查，记录了大量的庙会和村落风俗。这些资料可见于日本岩波书店出版的六卷本《中国农村惯行调查报告》中。

二、破旧立新（1949—1978年）

1949年新中国成立至1978年改革开放前的三十年，是中国特殊的政治历史时期。因为特殊的政治原因，这一时期中国传统节日的生存发展境遇和节日调查研究也在政治变革中跌宕起伏。（图3）

新中国成立之初，中国共产党和人民政府对民国时期的传统节日政策进行了一定的微调，如春节纳入到节假日序列，同时规定少数民族习惯的节日，由各少数民族聚居地区的地方人民政府，按照各民族习惯，规定放假日期。[9]在物资相对匮乏的年代，为保证传统节日，特别是一些少数民族传统节日的进行，政府还专门颁布了相关的保障政策，如1951年贸易部颁布《关于少数民族的年节优待办法的规定》。这一时期并不多见的关于少数民族节日的介绍和宣传中，一个突出的特点是有浓重的政治色彩。在1958年《中国民族》上的一篇关于苗族节日四月八的文章中记述了节日里的苗歌"过节想起当年事啊，当年过节受人欺；如今过节大不同啊，处处欢迎暖人意。啊！毛主席呀毛主席！要不是你呀，我们哪会有今日"。[10]"文化大革命"十年，对民族文化，包括传统节日文化的传承发展而言无疑是一场浩劫。在破除"旧思想、旧文化、

图3　豫西乡村社火之装杆

旧风俗、旧习惯"的目标指引下,很多传统节日被视为非法活动横加批判和取缔。当时境遇较好的春节,也未能幸免,甚至不再放假,要求过一个"革命化的春节",就是春节不休息,坚持"抓革命,促生产"。[11]在这种环境下,一大批传统节日,特别是带有宗教信仰色彩的庙会等节会从此销声匿迹,或是转入地下,偷偷为之。传统节日的组织体系和运行机制破坏殆尽。在那个政治挂帅的年代,节日被作为一种塑造党国之民,重构社会生态的工具。一方面以十一国庆节、五一劳动节等为代表的民族国家节日被嵌入到中国民众的政治生活和社会生活之中,突显更多的政治性、公共性和时代性,通过一系列的庆典活动和仪式,彰显国家力量,标榜国家体制,塑造国家形象,凝聚国家信心。另一方面中国的传统节日,春节、端午、清明和众多的少数民族节日、庙会等从节日主旨、操作者和内容上被加以重构,在破除封建迷信,丰富群众生活的目标指引下,各级党委和政府深度介入到节日的组织和推动之中,一些宗教性较强的节日或节日中的俗信性内容被禁止,节日内容中增加了与当时的政治运动相符的设计。直至现在,在"文化大革命"时某一节日能不能过,如何过已经成为民众言说某一节日传统久远、坚韧的重要指标。岳永逸对于这一时期庙会情况的研究中指出"在当时的小演唱、相声以及诗歌等文艺作品中,新庙会是农业、工业和科技比武、新发明交流、社会主义建设成果展示的平台"。[12]被"改造"的新节日亦是如此。

这一时期特定的政治历史进程同样也深刻影响了此时的节日调查研究工

作。在民国时期刚刚萌生、发展的民俗学、社会学和人类学等社会科学逐渐被打入冷宫，从学科体系中消失，使得这一时期社会科学工作几近瘫痪。虽然这一时期纯粹学术性的节日调查研究未有大的进展，但在政府推动的少数民族社会历史调查工作中，还是保留下一大批珍贵的节日调查资料。20世纪50年代，为了推进少数民族地区的民主改革工作，毛泽东指示要把少数民族社会历史情况搞清楚，以便采取相应的政策，并交由彭真来主持，这就是持续十年的"少数民族社会历史调查"。在推动民族识别，服务民族地区民主改革和宣传共产党的民族政策的目标下，费孝通、吴泽霖、李绍明等一大批民族学家、社会学家、历史学家、经济学家以及社会科学研究人员、民族工作干部参与其中，对当时民族地区的政治、经济、文化进行了调查。这一工作的成果就是在20世纪80年代陆续出版的《民族问题五种丛书》，包括《中国少数民族》、《中国少数民族简史丛书》、《中国少数民族语言简志丛书》、《中国少数民族自治地方概况丛书》、《中国少数民族社会历史调查资料丛刊》。大量的民族节日的资料被收于《民族问题五种丛书》中。这其中尤其以84种《中国少数民族社会历史调查资料丛刊》中的节日资料最为珍贵。这些关于节日的记述虽然不可避免带有阶级、革命等政治色彩，对其价值评判也时有偏颇，但因为其是专家学者走村串寨获得的，而且有大量的实地记述，所以瑕不掩瑜，为今天我们研究传统节日留下了宝贵的资料。以国家民委新修订的《苗族社会历史调查》（一）为例，其中专编系统记述了台江县苗族的节日，包括苗年、客家年、敬桥、爬坡、吃姊妹饭、开秧门或敬秧、划龙船、吃丑、敬新谷。特别是在划龙船的调查中，还专门对施洞地区的划龙船进行了补充调查。[13]这些资料也成为21世纪初在全国开展《中国节日志》项目的基础性资料之一。（图4）

图4　西藏民族调查

应该说，政治塑造、破旧立新是改革开放前三十年里中国传统节日发展和节日调查研究的典型特征。在言必提领袖、阶级、革命、斗争的特定历史时期，传统节日本身以及与之相关的调查研究自然不能独善其身。

周俊宇在研究国民党在台湾地区"党国"体制时期对节日进行利用和管治的历史时指出，国民党以"国定节日"的方式对传统节日内容进行规范和政治改造，选择性再现国族历史的传统与文化，藉由"复兴"的自我宣称，强调政权之于过去光荣历史的延续性和当前执政的合法性，如端午节被定性为爱国节日，将秋瑾纪念日纳入其中。清明节定为民族扫墓节，同时确定四月为"教孝月"。在1975年蒋介石逝世后还定为"蒋公逝世纪念日"。[14]以此观大陆地区改革开放前三十年的节日状况和节日调查研究，大陆和台湾地区在以节日改造民众思想，塑造民族形象，强化意识形态，推行政治制度方面的出发点上是一致的。当然需要注意的是，因为传统的延续大陆与台湾地区有所不同，尤其是政权的合法性论证中对传统文化的价值认知，这也导致了社会文化中传统节日存在状态的很大不同。不破不立与移风易俗还是有区别。

三、价值发现（1979—2014年）

1978年改革开放至2014年近四十年的时间，对于中国来说无疑是日新月异、波澜壮阔的四十年。中国的经济、社会、文化发生了翻天覆地的变化。中国人价值观念、生活方式也发生了深刻的改变。如果说改革开放前三十年，中国的传统节日文化更多地是经历政治洗礼的话，那么改革开放后四十年其所经历的则是深刻的市场化、现代化、城市化的影响。从政府、学界到普通民众对传统节日的内涵、功能和意义的认识也几经变化，从文化态度到生活实践都呈现出非常复杂的图景。一方面人们依然在感受着、寻求着、实践着"过节"的主题。另一方面随着现代化、城市化和全球化程度的日益加深，形式多样、内涵丰富的传统节日文化正面临着迅速消逝和同质化的危险，传统节日在家庭、社区、地区和国家中的角色地位和在社会运行中的意义发生了深刻的变化。笔者曾以《重新发现传统节日——中国传统节日2011年度发展报告》[15]为题，对这一时期中国传统节日生存发展状态进行过梳理、分析，本部分的内容为上述报告的梗概。（图5）

改革开放至20世纪90年代中后期，随着政策上的宽松、经济上的发展和文化认知上的改变，"文革"中衰落的民俗文化活动一度复兴，各民族、各地区

图5 青藏高原上的赛马

的很多传统节日一时又被重新接续起来，虽仍心有余悸但却试探性地再次生发和呈现出来。而这时政府也将主要精力投入到推动改革开放，发展地方经济之上，没有将传统节日文化的传承发展作为特别的工作对象，也没有制定专门的政策，主要依托于相关职能部门开展了一些"三下乡"、"送温暖"等活动，以活跃节日氛围。进入21世纪以来，传统节日文化的生存发展境遇一改过往被忽视、被压制的状态，获得了前所未有的关注和发展空间。从政府、专家到一般民众，从国家战略、大众传媒到民众生活，保护、传承、利用、发展节日文化，已经成为一种共识、一种趋向、一股热潮。重新发现传统节日价值，全民共谋节日文化传承发展的态势已经形成。不可忽视的文化工具理念还十分普遍，文化搭台、经济唱戏。文化被当做具有经济和知名度意义的资源，重申报、轻保护的地方政府态度与民众中传统节日回归的价值取向有所不同。

　　在政府层面，中国政府对节日，特别是传统节日的认识已经基本摆脱了过度政治化和意识形态化的影响。一方面节日作为中华文化的重要组成部分的文化认知得以确立，对其在社会发展的地位和作用有了更加理性科学的认识。另外一方面，党和政府开始不断推动保护节日文化的工作，并急切期望通过保护节日文化，促进社会和谐和科学发展。约略在2003年开始推动的非物质文化遗产保护工作在很短的时间内成为政府文化工作的重点和亮点之一。建立非物质文化遗产保护机构，完善国家、省、市、县四级名录体系和代表性传承人制度，颁布《非物质文化遗产保护法》，设立文化生态保护区，这一系列工作的推进也推动了作为非物质文化遗产重要组成部分的传统节日的保护和传承。在国务院颁布的三批国家级非物质文化遗产名录中，节日达到110项之多，还有很多名录项目也直接或间接地与节日有紧密的关系，如关于节日的民间传说故事，在节日中上演的传统戏剧、舞蹈、音乐，在节日中使用的器物等。同时伴随着我国非物质文化遗产工作，进行文化遗产普查的过程中，各地也对本地域的节日进行了登记记录，但这部分成果目前还尚未公布。

从2009年起，在国家层面启动的《中国节日志》项目也开创了中国传统节日调查研究的新局面。这是我国第一次从国家层面对中国代表性的传统节日展开的全面、立体和科学的调查、记录工作。虽然我们有写史修志的悠久传统，虽然我们的节日伴随着中华文明的传承发展，与我们的过去、当下和未来紧密相关，与我们的生产生活不可分割，但我们关于节日的记录一直非常零散，不成系统。《中国节日志》以一百五十卷左右的巨制弥补这一空白。《中国节日志》的编纂理念也显示出当前相关学界最新的理论和数字时代"写文化"的特征。首先，它不是从故纸文献堆里摘编而成的"志"，而是强调文献与田野调查并重，在体例上创造性的将我国的史志传统与民族志、民俗志的学术书写结合起来。其次，《中国节日志》的成果是立体化的，包括志书、100部中国节日的影像记录片还有"中国节日文化数据库"。再次这是一次跨学科的合作，在五到七年的时间里，一百五十多个团队，四五百位教授，二三千位博硕士学生参与其中，在古代文献中爬梳，在节日现场记录。这将为我国节日学的建立奠定坚实的基础。2014年1月《中国节日志》丛书第一批十卷已经由光明日报出版社正式出版。(图6)

另外，政府直接或间接参与的节日活动更是不胜枚举，在这些工作中政府承担着资金提供者、主导者等多重角色。近年，在海外统一推出的"欢乐春节"已经是重要的对外文化品牌活动，中国政府希望通过这一系列活动，让全球各国与中国共度农历春节、共享中华文化、共建和谐世界。

在学术研究层面，随着文化遗产保护热潮的兴起和全社会对节日文化的重视，节日研究一跃成为当前的热点。[16]一些专门以节日为研究对象的机构纷纷成立，跨学科的节日研究团队日渐形成。山东大学、云南大学、西南民族大学建有节日研究基地，北京大学有中国节庆研究中心等。一些非政府组织依靠一些专家纷纷成立节庆专业委员会，如人类学民族学研究会民族节庆专业委员

图6 专家在云南彝族地区调查

会、中国民间文艺家协会节会文化专业委员会等。以传统节日为研究对象的科研课题在近年呈现井喷式的增长。这些课题设置层级不同，研究方向多样。既有节日综合性的、宏观性的研究，也有对某一节日深描式的研究；既有侧重文化价值和意义方面的研究，也有侧重社会组织体系、运行机制方面的研究；既有文化典籍意义上的集成项目，也有政策咨询性的项目。可以说，近年的中国节日研究吸纳了多种学术资源的参与，使得节日的研究本身广泛化、深入化和现代化的同时，节日学理论和框架的雏形渐露。

现代社会是一个媒体无处不在的社会。在任何一个领域、任何一个事件中，都能看到媒体，特别是现代媒体的身影。现代传媒发展到今天，已经全方位地、深刻地影响着人们的生活，重塑着人类的认知和交流方式。人们不仅有着电视、广播、网络等接受信息的渠道，而且随着相机、录像机、和具有摄录功能手机的普及以及微博、博客、论坛等工具的产生也使每一个个体都有能力、有条件成为信息的制造者和传播者。这是一个人人皆媒体，全民皆记者的时代。面对着节日，这样一个有着丰富内容和深刻意义的特殊时日，无论是以新闻报道为职责的专门机构，还是身处其中的个人都不会将其忽略。因此，我们看到了众语喧哗的节日传播景象。节日离不开传媒，传媒也不曾忽略节

图 7 节日里盛装的苗族姑娘

日。电视、广播、报刊、网络等媒体虽然有不同的传播渠道、传播方式和传播特点，但节日都是其传播的对象。

传媒的影响力，不仅体现在能够将有关对象的信息传播出去，而且体现在这些经过筛选、编排过的信息一经传递出去，就带着某种价值观和内在导向，影响到信息接受者的认识，进而影响到传播对象本身的发展轨迹。节日受到各类传媒的影响，不可避免地在传媒世界中被描述、传播、改造和重塑。中国节日与传播的问题包括中国节日的传播与传播中的中国节日两个方面。主要体现为：一是传媒围观节日。在当前中国众多的节庆活动中，特别是在政府主导的节庆活动中，媒体是重要的参与者。组织者普遍有着一种对外宣传推广的内在动力，这种动力或来自于彰显本土文化的自然需求，或来自于政治利益、经济利益的驱动。在这种动力下，众多组织者希望通过媒体来使这一非常地方化、本土化的节日进入到主流渠道，以获得知名度和影响力。在节日现场，手拿长枪短炮、肩扛摄像机的记者享有着极大的权力，可以任意穿梭于会场内外。在这里，理应作为过节主体的民众的感受和行为被忽视，相反要迎合传媒的需求，保证传媒所需的场景、画面和信息。节日呈现出一种无助的、被围观的状态。二是传媒参与节日。传媒不仅是节日信息的采集者、观察者,还以其强势的传播力量主动参与节日。在传媒关注比较多、比较久的节日中,媒体已经成为节日中的重要组成部分。在节日气氛的渲染、参与节日热情的调动、节日活动的宣传引导等方面,传媒都发挥了巨大的作用。三是传媒改变节日。传媒对节日的深刻影响,还体现在对节日内容和程式的改变上。传媒本身的发展和介入节日程度的日益加深,为传统节日增添了许多新内容和新形式。以短信拜年为例,2011年春节,大年三十当天,北京地区移动手机用户短信发送量近7.7亿条。北京联通的数据显示,年三十早8点到年初一凌晨1点,短信量共计1.43亿条。若再算上北京电信用户的短信发送量,除夕之夜,北京手机用户拜年短信发送超过10亿条。[17]（图7）

改革开放以来,以经济建设为中心这一主轴已经深入中国人的骨髓。经济发展水平的高低和经济利益的驱动力也深刻地影响着我们节日文化的传承发展。在这一过程中,随着经济体制改革的深入推进和转变发展方式认识的确立,从上到下对节日文化的地位、作用和价值的认识也不断深化,中国传统节日的传承发展境遇也走过了从最初的无暇顾及,到"节日搭台、经济唱戏",再到节日也是生产力这样一个认识上的变迁过程。时至今日,经济因素仍是中国节日传承发展过程中一个重要的影响因子。在政府、学术、媒体等方面的情况,都或直接或间接地有经济因素的作用。

节日经济是节日文化在现代社会变迁发展中产生的一种综合性的经济形态。在节日的消费中,不仅有满足基本生活需求的日用品、食物、衣着等方面的支出,还有为满足节日习俗要求的特定支出和情感性、社会性行为支出,如中秋的月饼、春节的红包等,而且一些由节日衍生出的消费越来越多,如招商引资、旅游观光、休闲度假、美容健身、餐饮娱乐等。

应当说,人们很早就意识到节日的经济价值。在市场灵敏的嗅觉、资本逐利的天性加上政府和民众发展经济的渴望等因素的共谋之下,人们对节日经济价值的利用、开掘非常踊跃。但在这一过程中,节日经济的简单利用和过度开发,也带来节日人文精神缺失、节日过度商业化、日趋浮浅化的问题。陈洁在《人民日报》一篇文章中写道"中国的寒食节背后有介子推宁死也不肯受缚于功名的故事,重阳节体现了中国古代的阴阳思想,清明节不仅仅是祭祖和慎终追远,还是欢快的'朝来新火起新烟'的春游时节——现在,有多少人了解这些节日背后的文化?"[18]有关节日期间过度包装、奢侈浪费、请客送礼的批评更是常常见诸报端。有媒体评论员就指出"节日经济是由文化'陈酿'带动的消费热潮。离开节日的文化氛围,离开民众对这种氛围的普遍认同,所谓节日经济不过是无源之水,无本之木"。节日要对经济产生效应,是需要土

图 8　河北武安固义村等待上场的"赛戏"演员

壤和传承的，而这些生造的节日很难起到节日的作用，只会让人越来越失去节日的概念，真正的节日也会逐渐失去拉动经济的效应。[19]以上对近四十年中国节日在政府层面、学术研究层面、媒体层面和经济层面的认识程度、存在状态和实践情况的探讨，其用意是全面的反应出在当下社会中节日传承发展所处的境遇。重新发现节日的价值和意义是当前各个层面的共同趋向，这也恰好折射出节日在民众生活层面所处的一种状态。春节、清明、端午、中秋等本身流布较广、影响较大的节日，在民众中有着高认知度。与之相对的，人们对二月二、七月十五、重阳节等节日和众多的少数民族节日的认知还主要局限于这些节日本身所流布的区域和人群。人们对节日的认知差异明显，并趋于浅层化。知其然而不知其所以然的状态比较普遍。人们对节日的源流、节俗活动的文化内涵和意义知道较少。加上市场化、商业化的影响和现代社会生活方式的建立，节日逐渐趋同于一般假日，休闲、购物色彩愈发强烈。也正因为此，就有了中秋节沦为"月饼节"，节日只剩下吃吃喝喝的担忧和批判。（图8）

但是，虽然节日，特别是传统节日文化在向现代社会转型过程中有着种种的不契合的问题，但保护和传承节日文化在广大民众中是有广泛的民意基础和共识的。当前人们经常发出的过节没意思、节味越来越淡的慨叹，虽然有怀旧思乡情绪和节日与日常反差性缩小等因素，但也从一个侧面反应出人们对当前节日状态的不满意和对其有着更高的期待。刘铁梁曾在《感受春节》一文中指出"年味淡了""真正的原因是时代变了，人与人的关系变了，彼此交流的方式也变了，这些变化比物质生活的变化还要来得深巨"。[20] 人们的期待是节日应能给人们带来归家感和亲情感、历史感和尊严感、狂欢感和实践感。最后要注意民众在节日中的角色问题。社会各方面对节日文化的关注和重视无疑为节日文化传承创造出非常好的环境。但是在政府、学术、媒体和经济力量的介入下，本来作为节日主体的民众在这些规模宏大、数量众多的节日、庆典中却并没有获得主体的地位，政府官员、专家、商人、记者成为节日活动的座上宾，民众成为观众或演员，本来属于民众生活一部分的节日内容，成为围观、欣赏、甚至于猎奇的对象。官、商、学、民同乐同享的状态还没有普遍达成。因此就产生了以节日之名办的活动从时间和内容上与民众生活中的节日并不一致，在民众口中就有了"政府的节"和"我们的节"的双轨制的区分。

四、回归生活：未来的节日调查研究

在对中国传统节日百余年发展史，特别是对节日调查研究史的梳理中，我们看到一如所有的民俗文化事项一样，节日一刻也不曾脱离开政治、经济、社会、文化的影响，始终与它们共同变迁演进，而对其的调查研究也因之而起伏，与此同时节日也以其特殊的方式影响着政治、经济、社会、文化的发展变迁。（图9）

时至今日，中国节日在中国社会表现出更加多维的一种存在。它是作为文化软实力的节日，文化传承载体的节日，同时还是发展资源的节日和民众生活方式的节日。这样多维的存在，就是当下中国节日的真实状态。简言之，有这样四个特征：（一）全民关注，高度期待。不同层面的人们以多样化的视角关注着节日文化，投注着不同的情感和思索，付诸不同的行为实践，传递着不同的诉求和期许，有政治的追求、经济的追求、文化的追求，还有身体上的、民俗传统上的和个体精神上的追求，特别是团聚、娱乐、狂欢等情感上的需要。（二）政府、资本强势利用节日推动地方发展。在政府、资本主导的，被媒体大肆宣传的以"传统节日"之名举办的节日活动中，社会的认可度和民众的参与度都不乐观。政府和商业资本的强势主导，不仅改变了传统节日原来的节俗内容，还更加深刻地改变了它一直赖以依存的组织体系、筹资方式等。

图9　调查者用视频访谈节日文化

（三）当前节日文化的传承发展中，恰好是作为节日精神、文化内涵的内在价值日益衰落，比如一些源自民间信仰的庙会神圣性逐渐减弱，一些节日本来通过对歌娱乐来促进男女交友和婚姻的功能已经不再需要。与此相对的却是节日外在价值的过度彰显，比如强调节日有拉动经济消费的作用，满足口舌之欲的作用等。（四）城乡之别，长幼之别，男女之别，职业之别直接导致了需求之别。这种多样化不仅体现在需求的内容上，还体现在对满足需求的方法、手段、载体和形式上也有不同的要求。

在这种情况下，传统节日面临着现代适应和转型，我们的节日调查研究也就应有新的作为。

一是继续深化节日现场的调查。虽然从数量上看，我们来自于节日现场的报告非常可观，但是因为学科背景和学术训练的不同，大部分报告处于一般性的描述记录层面，对于节日现场的时空情境、社会关系、运转机制关注不多。特别是对于现代城市生活中节日内在机理的调查就更为缺乏。因此，要继续强调节日调查的现场感和观察深度。

二是增强问题意识。我们在阅读节日调查研究文章时，突出的感受是描述

图10　云南德宏傣族泼水节时在寺庙前搭建的龙亭

性的问题居多,而缺少解释性问题;关注农村的多,关注城市较少;书写传统多,书写现实少。对于当下传统节日在现代社会、城市社会面临的传承发展困境显得无能为力,更多是从文化价值层面鼓与呼。现代社会与传统生活的双重时间制度之间的张力,现代社会组织以及国家行政体系与传统节日组织体系间的差异以及所引发的结构性变迁,节日里农村家庭的不完整状态与城市里留守的民工群等这些问题需要研究者认真面对。[21]（图10）

三是提升理论阐释能力。因为缺乏节日现场的理解能力和问题意识,我们的节日调查成果只有量的增加,而在质上的提升还不明显。对于当下传统节庆在市场化、城市化中的情状分析,对于冠之以各种节、会的新兴节庆泛滥的现象,我们还缺少有解释力的理论加以分析。这方面台湾的研究值得借鉴,如李明宗引入休闲社会学的观点对台湾节庆活动形貌的研究。他以"真实性"理念贯穿,论述主题由巨观的社会时空逐渐探讨到微观的个人体验,系统地建立了对于节庆,包括传统节日的分析框架。[22]还有吴郑重、王伯仁对于台湾"节庆之岛"的现代奇观现象的研究,[23]许兴家、曾圣文、柳金财用动力结构与产业制度转型矩阵对台湾节庆活动的动力结构与制度转型模式的研究[24]等。

四是借助现代信息技术。现代信息技术不仅是工具,还是一种现代生活方式，不仅深刻改变了节日的传播发展境遇，也更新了我们的调查研究理念和方法。节日的调查研究不但要关注现代信息技术世界中节日的变化和引发的问题，如短信、微信拜年，再如地域性节日的实时传播等，而且要善用现代信息技术为调查服务，从现代信息平台上获取资料，筹建节日文化数据库，建立协作共享体系等。在全面掌握节日历史及现状基础上，开展具有资政意义的专题研究。

中国节日文化的传承发展正处于一个最好的时期，也处于一个最关键的时期。中国政府和民众对节日生活价值的认识不断深化，让节日回归民众、回归生活、回归文化的呼声越来越大，相关的实践举措也不断推出。政府在节日文化保护、传承中的角色也正在从一手包办、大操大办的主导型向引导服务型转变，为民办节，为文兴节。我们相信，在未来我们的节日调查研究也将进入一个新的阶段。

〔1〕 近年萧放带领学生对1983年到2013年三十年间节日研究的学术史进行了全面的梳理，为本文提供了借鉴，但本文与这些研究的不同之处在于主要聚焦于调查的视角，同时将观察的时段拉长到百年。可参见：萧放、吴静瑾：《中国岁时节日民俗研究综述（1983—2003）》，《民俗春秋——中国民俗学会20周年纪念文集》，北京学苑出版社，2006年，第334—361页；萧放、董德英：《中国近十年岁时节日研究综述》，《民俗研究》，2014年第2期，第75—89页。

〔2〕 李文海：《民国时期社会调查丛编·前言》，福州：福建教育出版社，2004年。

〔3〕 马玉华：《国民政府对西南少数民族调查之研究》，昆明：云南人民出版社，2006年。

〔4〕 权国英：《北平年节风俗》，燕京大学法学院社会学系学士论文，1940年3月。

〔5〕 李景汉：《定县社会概况调查》，北京：人民大学出版社，2005年。

〔6〕 何廉：《定县社会概况调查·何廉序》；李景汉：《定县社会概况调查》，北京：人民大学出版社，2005年。

〔7〕 陶孟和：《定县社会概况调查·何廉序》；李景汉：《定县社会概况调查》，北京：人民大学出版社，2005年。

〔8〕 赵世瑜：《眼光向下的革命——中国现代民俗思想史论（1918—1937）》，北京：北京师范大学出版社，1999年。

〔9〕 参见1949年政务院发布《全国年节及纪念日放假办法》，全国人民代表大会民族委员会：《中华人民共和国民族法律法规全书》，北京：中国民主法制出版社，2008年，第86页。

〔10〕 佚名：《苗族节日四月八》，《中国民族》，1958年第5期，第25页。

〔11〕 参见高丙中：《民族国家的时间管理——中国节假日制度的问题及其解决之道》，《开放时代》，2005年第1期，第76—77页。

〔12〕 岳永逸：《俯视、蔑视与平视：百年乡村庙会研究史及其心性》；李松、张士闪：《节日研究》（第一辑），济南：山东大学出版社，2010年，第5—33页。

〔13〕 《民族问题五种丛书》贵州省编辑组《中国少数民族社会历史调查资料丛刊》修订编辑委员会：《苗族社会历史调查（一）》，北京：民族出版社，2009年。

〔14〕 台湾地区广义上的"国定节日"，即指被官方所认定具有纪念或庆祝的意义及必要性，在节日相关法令规章上明白制定的日子，范围上首先包括官方政策制定的节日即政治性节日，其次是民俗节日，最后是其他人民团体发起的节日或国际性节日等。

〔15〕 参见张士闪：《中国民俗文化发展报告（2012）》，北京：北京大学出版社，2013年。

〔16〕 关于这一时期节日研究的学术史可参见萧放、吴静瑾：《中国岁时节日民俗研究综述（1983—2003）》，《民俗春秋——中国民俗学会20周年纪念文集》，北京：学苑出版社，2006年，第334—361页；萧放、董德英：《中国近十年岁时节日研究综述》，《民俗研究》，2014年第2期，第75—89页。

〔17〕 刘潇潇：《短信微博iPhone4新春三大看点》，《北京青年报》，2011年2月16日。

〔18〕 陈洁：《莫冷落了节日文化》，《人民日报》，2011年5月19日第024版。

〔19〕 王颖：《节日经济真伪之辨》，《国际金融报》，2008年9月24日。

〔20〕 刘铁梁：《感受春节》，《节日研究（春节专辑）》，济南：泰山出版社，2011年，第40—47页。

〔21〕 李松：《现代时空中年节文化的变迁》；李松、张士闪：《节日研究（春节专辑）》，济南：泰山出版社，2011年。

〔22〕 李明宗：《台湾节庆活动的形貌——休闲社会学观点的诠释》，《运动文化

　　　　研究》，2010年第13期，第85—110页。
〔23〕　吴郑重、王伯仁：《节庆之岛的现代奇观：台湾新兴节庆活动的现象浅描与理论初探》，《地理研究》，2011年第54期，第69—95页。
〔24〕　许兴家、曾圣文、柳金财：《动力结构、产业制度转型与台湾节庆活动发展》，《联大学报》第五卷第一期，2008年，第77—99页。

月的庆典：中秋的神话传说与节俗变迁

高莉芬

前言：月出皎兮：月的想象与节庆

月亮，在夜幕低垂时，悄悄跃升于天空上，散发着皎洁光辉，温柔地照亮了黝黑的大地，也抚慰着不眠的人心。相对于热力四射的太阳，月亮更多了阴柔静谧的美好。在月夜时分，清光普照之际，月亮，总能勾起人们的心绪，引发出渺小的人类面对无垠宇宙的叩问；也撩拨着对人事兴衰变动的感叹。

《诗经·月出》："月出皎兮，佼人僚兮；舒窈纠兮，劳心悄兮。"[1]远古诗经之唱道出月的静美，诗人的思念是由月光所引发的。诗人借由皎洁的月光和思念的人连接，在吟唱中不但有月的无边想象，也有诗人思念的情怀。月亮是美人的化身，也是美好愿望的象征。佼人僚兮，佼人，美人，僚兮，如此娇美之状；月下美人，既冰清玉洁又遥远朦胧。宋玉《神女赋》描写神女之美也道出："其少进也，皎若明月舒其光"[2]，正是《诗经·月出》以月思人的承继。

皎洁的月光，除了美好，又带给人们何种想象？唐代诗人张若虚《春江花月夜》诗题五个字，每一字本身就是一个意象，其中隐涵着时间、空间和季节，在这五个意象中点出了宇宙时空的永恒，以及人在宇宙时空中的有限。整首诗歌以"月"为主题。月在诗歌中反复出现，不断被想象跟生命和宇宙间发生联系："江天一色无纤尘，皎皎空中孤月轮。江畔何人初见月？江月何年初照人？人生代代无穷已，江月年年只相似。不知江月待何人，但见长江送流水。"[3]水、江、天跟"空中孤月轮"营造出浩瀚广阔的时空，江畔之月永远在那里照耀着人们，但是曾在江边第一个被月所临照的人是谁？如今又安在哉？这样的叩问，是永恒宇宙之问以及对短暂生命的感叹，这种想象和文学兴发也都由月而来。

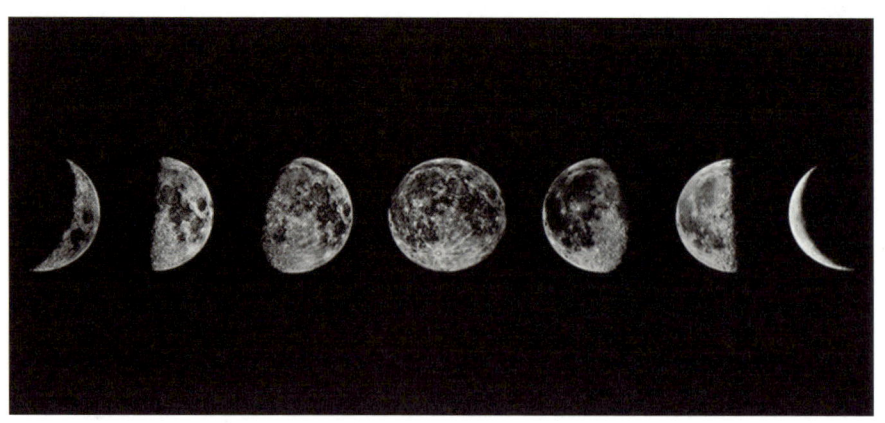

图1　月相图

　　江月长明，缺又复圆，而人生短促，一去不返！不断涌动的江水与高挂夜空的明月，触动了诗人对宇宙生命的深刻省思。"月"的永恒性对照着"望月人"的有限性，无奈而苍茫。而这种存在的感伤，却也因为月的连结，使诗人得以跨越了生命的有限！月亮，自古以来，就是文人吟咏兴情的重要媒介，是情感的符号，在文学与文化中扮演着重要的角色。

　　月，除了引发诗人吟咏兴叹外，月相的变化，也被人们投以不死的想象。(图1)月亮由农历初一的"朔"，到农历十五的"望"，月缺、月圆，月晦、月明，月亏、月盈有其运行的周期性，月相变化由亏到盈，再由盈到亏的循环往复性质，被人们赋予不死与再生的象征。月亮循环往复的特色，引发出了与俗世人间不同的时间感。月亮似乎是不会死的，死而能再生的，这跟人间物理性的直线式时间，以及人类终将归于空无的有限生命型态完全不同！月亮的时间是周期性、反复性的，但人类的时间却是一去不复返，以有限面对无限，不免令人感伤又无奈！月亮也因此被人们投射寄托了不死与再生的期盼。

　　天体中的发光体太阳让人无法直视；但高悬在静谧的夜空的月亮，却显得亲切又温暖。月亮因为有死而复生、循环往复的再生特质，以及温和普照大地的亲切感，在世界各地的神话与传说中，大都被投以阴性、母性及丰产的象征。几乎有月光的地方就有人类对月亮女神的想象。

　　西方荷马史诗中亦有对月亮女神的赞歌："唱歌吧，缪斯们，用你们甜美的歌声！唱歌吧，宙斯的女儿们，克罗诺斯的儿子！为我们唱出有着长长翅膀的月亮的神话。"[4]世界各民族流传着丰富的月亮神话，也有面容多样的月光女神。非理性思维的神话传说以象征的语言讲述了人类自身的故事，也诠释着人类所存处的宇宙时空以及生活世界。

在世界各民族与月亮有关的仪式庆典中，都与生殖、丰产有关，月亮就是不死的象征；月亮就是丰产的符号。在世界早期初民的传说信仰中，月亮甚至具有能使种子萌芽，植物成长，动物生产，女子生孕的神秘力量。例如在原始阿特人和格陵兰人以及蒙古西部的布里亚特人都有"月亮致孕"的信仰[5]。月亮女神也常成为生育的女神。世界各国皆有月亮女神的信仰，有时月亮女神又常是童贞女神或哺乳女神，月亮被赋予阴性的力量，具有强大再生繁衍的生命力，因此常常与动植物的丰产联系在一起。

月亮女神不仅只掌管农业丰产，而是在整个世界物质环境中的丰产象征。因此在世界各地的风俗信仰中，月亮的庆典，也常是丰收的庆典。春生、夏耘、秋收、冬藏，秋天是大地丰收的季节，月的祭仪与庆典也多在秋季举行。在古代中国，农历八月十五日的中秋节就是月亮的庆典。

在神话思维中，大地的丰收也与人身的繁衍相互联结。因此中秋月亮庆典中，拜月除了祈求物产丰饶外，也是已婚妇女祈子的祭仪。在古代中国南方于中秋月圆之夜即有"摸秋求子"、"偷瓜求子"的习俗。清嘉庆刻本《常德府志》记载："（中秋）是夜，城中妇女祈祀嗣者，或于园圃采瓜为验，谓之'摸秋'，亦有亲邻会聚送瓜者。"[6]瓜，在传统文化中具有多子的象征，于八月十五中秋月圆之夜偷瓜送瓜，也是一种求取丰产多子的祈愿行为。已婚妇女祈求在月亮女神的临照之下，能顺利得子，瓜瓞绵绵。中秋节，无疑是与月亮最密切相关的节日，而中秋的民俗活动，多由女性扮演重要的角色，其中可见与生殖、丰产间的关连。

夜光何德？祭月与拜月

古代中国传统四大节庆，春节、清明、端午、中秋，其中与月有关的节日即是中秋节。由于中秋节乃以"月"为庆，故又俗称"月节"，因时在农历八月十五日，又有"八月节"、"八月半"之名；而八月十五为月圆之夕，有圆满的象征，其后又有"团圆节"之称。"中秋"一词，早在《周礼》中已经出现，《周礼·夏官·大司马》："中秋，教治兵。"[7]但文本中的"中秋"只是季节时间的概念。在盛唐之前，"中秋"一词所指秋季的第二个月，也即秋季之"中"，即"仲秋"时节，并非今人农历八月十五日以一天为期的"中秋节"。现代华人的四大传统节日中，以中秋节形成最晚，在汉魏民俗节日体系形成时期尚未见专属"中秋节"的节日庆典活动，在《荆楚岁时记》中，未见"中秋节"之记载[8]。

虽然中秋节日形成较晚，但在古代中国对月亮的崇拜与祭祀却很早就已开始了。《国语·周语上》："古者，先王既有天下，又崇立于上帝、明神而敬事之，于是乎有朝日、夕月以教民事君。"韦昭注："礼，天子搢大圭、执镇圭，缫藉五采五就，以春分朝日、秋分夕月，拜于东门之外。然则夕月在西门之外也。"[9]《周礼·春官·典瑞》"以朝日"郑玄注："天子当春分朝日，秋分夕月。"[10]"夕月"就是祭月。《礼记·祭义》："祭日于坛，祭月于坎，以别幽明，以制上下。祭日于东，祭月于西，以别外内，以端其位。日出于东，月生于西。阴阳长短，终始相巡，以致天下之和。"[11]"日者，阳之主也"、"月者，阴之宗也"[12]。日月为阴阳之宗，也是宇宙运行时间秩序的基础。阴阳相生、日月相巡，可致天下太平。古代祭日月的礼俗由来甚久，周人即有"祭日于坛，祭月于坎"，以圭璧祀日月星辰之礼。古代礼制天子必须于"春分朝日于东郊，秋分夕月于西郊"。[13]祭祀不同的神祇，祭祀的时间地点也有所不同，万物、世人、神祇、时间、空间共同相映成一个和谐的宇宙。

汉武帝时期祭祀日月的典礼十分隆重，"祭日以牛，祭月以羊彘、特、泰一祝、宰则衣紫及绣，五帝各如其色，日赤、月白，十一月辛巳朔旦冬至昧爽，天子始郊、拜泰一、朝朝日、夕夕月则揖，而见泰一如雍郊礼"，[14]夕夕月典礼盛大，古人以日月的运行，光照大地，与国家之兴衰、百姓之安乐，息息相

图2 泽明觉所绘《安部晴明簠簋内传图解》的太阴神

图3 道教神仙——太阴元君

关，古人对日月星辰的礼祀与崇敬，展现出中华传统文化天人合一的精神。

相对于秋分祭月的皇家祭仪，在民间也有拜月的习俗。"月"多和"阴"这一象征系统连接，在世界各民族的神话传说中，月亮神的性别也以女性居多。

中秋节是月亮的节庆，民间百姓多于中秋节当天祭祀月亮女神。月亮女神有"月娘妈"、"太阴娘娘"，或有"月宫娘娘"、"太阴星君"等尊称。随着时代变迁以及地域文化的不同，月亮女神也被赋予了不同的形象特色。（图2、3）日月同辉，月亮神多与太阳神并祀，月神太阴星君以手捧月亮为造型，而太阳星君则是全脸火红，手捧着太阳。台北松山慈佑宫，也供奉日月之神，月神即是太阴娘娘的造型。〔15〕（图4）台北万华艋舺青山宫供奉的太阴星君亦以手捧明月为造型，形象鲜明，即为司月之女神。（图5）

图4 台北松山慈祐宫同祀神明略传——太阴娘娘

台湾早期民间，在中秋之夕，以当季蔬果（如柚子）、月饼等在中庭陈设几案以祭月。祭月后，全家人分享月饼、水果，共赏中秋明月。（图6）以柚子当贡品因为它与"有子"、"佑子"的谐音，祈求月亮女神赐与子嗣，而且保护孩童平安长大。除了柚子、月饼外，以蛋取月之形并制作成圆形酥饼的蛋黄酥，也是一种常见的中秋节拜月、赏月时应景的食品。

图5 台北艋舺青山宫的太阴星君

台湾的中秋节除了有拜月之俗外，祭祀土地神的活动也十分普遍，商家生意人尤其重视。土地、丰产和月亮、中秋之间有一定的象征联系。（清）高拱干纂辑《台湾府志》记载："中秋，祀当境土神，盖古者祭祀之礼，与二月二日同，春祈而秋报也。"（图7）台湾民间于中秋祭祀当境土神，亦以农历八月十五中秋节为土地公福德正神的神诞日。（图8、9）信众于中秋节当天，准备牲礼、糕粿、应景月饼、水果等在自家门前或于土地公庙前上香祝寿，答谢神恩，祈求土地神护佑风调雨顺、五谷丰收、衣食无缺、家人平安、幸福圆满。

土地公在台湾早期是保佑土地丰收的神祇，现今已

185

图 6　拜门口犒军

图 7　中秋节祭拜土地公的习俗

图 8　全台湾地区最大尊的土地公——中和烘炉地（南山福德宫）

图 9　中和烘炉地

图 10　土地公拐

逐渐转变为赐人富贵发财的财神爷。台湾的土地公形象或坐太师椅上、或采立姿手持拐杖，或执如意，或执元宝，可见土地公除了掌理土地外，也赐人财富。台湾农村在秋收之后，于中秋节当日，农家取一根竹枝，或黄麻梗，从中剖开，再夹系土地公金，三支清香于其上，称之为"土地公拐"，插在农田中敬献土地公，表达对土地公的感谢，并祈求农作丰收。（图10）民间在农历八月十五日中秋节月圆当天祭祀土地神的信仰，除了表现出传统"春祈秋报"的文化心理，亦应与远古以来，月亮所蕴涵的生殖、孕育、丰产的意涵，与土地的丰饶、与植物生长间密不可分的象征性联结有关。

月之精灵：月亮神话与传说

月的阴柔与神秘特质，除了成为人们祭祀的对象之外，也引发人们多重的想象，世界各地都有月亮神话之流传，言说着对月相阴晴圆缺变化以及月表阴影的解释与想象。在中国也有丰富的月亮神话，其中流传久远的神话传说即是月中有兔和月中有蟾，以及嫦娥奔月的神话。早在《楚辞·天问》中，屈原即对月相的变化提出了诗性的扣问："夜光何德？死则又育？厥利维何？而顾菟在腹？"[16]月相之圆缺变化，被投射了"死则又育"的想象寓意，而"顾菟在腹"一词所指为何？自古至今则是众说纷纭。王逸《楚辞章句》指出："言月中有菟，何所贪利，居月之腹，而顾望乎？菟，一作兔。"[17]即以"菟"为"兔"。闻一多则考证"顾菟"不是"兔子"，而是"蟾蜍"；他认为"顾菟"是蟾蜍的音转。不论是"兔子"或"蟾蜍"都与月亮有密切的联结[18]。此一现象亦可见于世界其他民族的神话传说中，例如在斯里兰卡、非洲和美国等地，都把在月亮上的斑纹阴影称为"玉兔纹"。月中的神兽——蟾蜍与玉兔，让夜空中的月亮增添了神秘的色彩与想象。

而月神嫦娥也与蟾蜍有关。《初学记》引古本《淮南子》说："羿妻姮娥窃之奔月，托身于月，是为蟾蜍，而为月精。"[19]即以月中的蟾蜍为嫦娥的化身。对于月中有蟾蜍与嫦娥的解释，在东汉张衡《灵宪》中有较完整的记载："羿请不死之药于西王母，姮娥窃之以奔月。将往，枚筮之于有黄。有黄占之曰：'吉，翩翩归妹，独将西行，逢天晦芒，毋惊毋恐，后且大昌。'姮娥遂托身于月，是为蟾蜍。"[20]文中指出羿向西王母请"不死药"，但却为嫦娥所窃。嫦娥获不死药得以奔入月中，并化为月精蟾蜍。

月中有蟾蜍的传说流布久远，诗人咏月多言蟾蜍。李白《古朗月行》：

"蟾蜍蚀圆影,大明夜已残。"[21]罗隐《中秋夜不见月》:"只恐异时开雾后,玉轮依旧养蟾蜍。"[22]月宫中既有蟾蜍,由此则又有"蟾宫"之称,月光又称"蟾光",圆月如盘,故又称"蟾盘"。如唐代诗人袁郊《月》诗云:"嫦娥窃药出人间,藏在蟾宫不放还。"[23]。金代诗人赵沨《留题西溪》诗:"蟾光忽作灵犀透,表里通明两玉壶。"[24],即以月光为蟾光。此一神话流传甚广,嫦娥成为中国月亮女神,千年以来,在黑暗夜空中闪耀着永恒不死的美丽与哀愁。

唐代诗人李商隐《常娥》:"云母屏风烛影深,长河渐落晓星沉。常娥应悔偷灵药,碧海青天夜夜心。"[25]在诗人眼中,获得不死的嫦娥,并非拥有了幸福的保证,反而必须忍受年复一年、日复一日的孤寂与凄冷,诗人并不欣羡嫦娥奔月的长生不死,反而寄予无限的同情。李商隐《寄远》诗云:"姮娥捣药无时已,玉女投壶未肯休。"[26]唐代陈陶《海昌望月》诗亦云:"孀居应寒冷,捣药青冥愁。"[27]唐代李白《把酒问月》亦道:"白兔捣药秋复春,嫦娥孤栖与谁邻。今人不见古时月,今月曾经照古人。"[28]在诗人抒情的笔下,孤凄,成为月中嫦娥的情感形象;孀居,是嫦娥奔月后的不幸生活;而托身于月、化为蟾蜍则是月中嫦娥的生命形态。

其实在汉代传世文献的记载中,嫦娥化为蟾蜍的叙事,并不涉及褒贬色彩,只是后来文人带着道德批判,认为变身外型丑陋的蟾蜍是一种对嫦娥偷药不忠行为的处罚。嫦娥化身为蟾蜍的叙事应与不死有关系,因为只有嫦娥才能得此不死药,而蟾蜍又与不死药有关联[29]。

近年来大量出土的考古文献与文物材料可以帮助我们重新思考中华文明的源头和意义。湖南长沙马王堆1号汉墓出土的"T"形帛画,鲜明表现出汉人天

图 11 马王堆 T 型帛画

图 12 神木大保当墓门楣画像石（局部）

图 13 绥德墓门楣画像（局部）

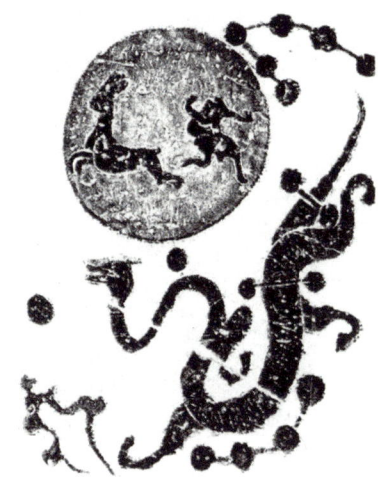

图 14 南阳阮堂 苍龙星座

界、人界、地界三层宇宙观。帛画中最上层的天界中有主神，有龙，左右分别绘有月亮与太阳；圆形太阳中绘有"黑乌"，牙形月中则绘有"蟾蜍"以及一只奔跑状"兔子"，月中有蟾蜍与兔子之说由来久远，形象亦十分稳定。（图11）在汉代神话传说中，月中除了有蟾蜍外，还有白兔之说。刘向《五经通义》云："月中有兔与蟾蜍。"[30]在大量出土的汉代画像石中，亦可见月中绘有蟾蜍或玉兔，或蟾兔同时出现在月中的图像。（图12、13、14）汉代墓室画像石出现在月中的动物有两种形象：一是蟾蜍、二是兔子，西汉中晚期的汉画像石月中的兔子大都是做奔跑的形象，而非捣药的形象；从已出土的汉代画像石考察，捣药的兔子较早出现在西王母神仙世界中。玉兔捣药，应是后来才进入到月亮象征系统中的。

嫦娥奔月和月中有兔的神话带着浪漫神秘的想象也进入艺术审美的范畴。诗人以嫦娥蟾兔咏月，画家亦喜以嫦娥白兔绘月。例如在元末明初扇子上的嫦娥，呈现出修道清雅的形象，（图15）展现出艺术家对神话故事的重新诠释与创造。诗文中有很多月亮意象与兔子蟾蜍有关，已经成为词汇的一部分，

189

图 15　嫦娥　元末明初

"阳乌未出谷,顾兔半藏身"[31]、"着意登楼瞻玉兔,何人张幕遮银阙"[32]等,这些诗词中的兔子成为月亮的符号。

月中玉兔、月中蟾蜍以及嫦娥奔月这些充满瑰丽神异色彩的想象叙事,发展至中古时期更增衍出月中有桂树之说。《太平御览》引《淮南子》云:"月中有桂树",[33]到了唐代,在段成式《酉阳杂俎·天咫》中记载,不但月中有桂树,更进一步发展出月中吴刚伐桂之说:"旧言月中有桂,有蟾蜍。故异书言月桂高五百丈,下有一人常斫之,树创随合。人姓吴名刚,西河人,学仙有过,谪令伐树。"[34]传说中的吴刚因学仙有过,被谪罚于月宫砍伐桂树,但是此树非人间常树,具有神异特质,每砍必合、伐而不死;于是吴刚只得在月宫中年复一年、日复一日不断伐桂。桂树为"不死"之树,嫦娥也是因为盗窃"不死"之药得以飞升月宫,神话虽有不同叙事内容,其核心却与月亮的不死有密切的关系。但对于文人而言,月中桂树投射着是缠绵的思念,寄予无限的诗意的想象。李白《赠参寥子》诗:"相思在何处,桂树青云端。"[35]李贺《李凭箜篌引》亦云:"露脚斜飞湿寒兔。"[36]吴质即吴刚,诗歌写乐音动人即运用了月中吴刚与玉兔的神话。

月中桂树之说其后又增衍出"月中桂子"之说。宋僧遵式《月桂峰诗序》云:"天圣丁卯秋,八月十五夜,月有浓华,云无纤迹。天降灵实,其繁如雨,其大如豆,其圆如珠,其色白者、黄者、黑者,壳如芡实,味辛。识者曰:'此月中桂子也。'"[37]记载八月十五中秋月夜,天降桂子的神异传说。因此月亮又有了"桂月"、"桂宫"之美称。

明代诗人边贡《嫦娥》诗:"月宫秋冷桂团团,岁岁花开只自攀。共在人间说天上,不知天上忆人间。"[38]在文人的抒情想象下,孤凄的嫦娥、再加上不眠的吴刚,冷寂的桂树,共同形成一套相思的符号系统,诉说着人们分离的苦楚与团圆的渴望。

月是不死生命的孕育者,不死植物的生长地。月中兔、月中蟾,月宫、月桂、乃至于奔月嫦娥与伐桂吴刚,神话传说叙述了人们对宇宙自然的观察与解释,也折射出追求不死以及生命美好的期待。中秋节是月光的节庆,月亮的仪典,这一神圣的仪典,也因为神话传说的附丽,使节日增添了浪漫的情怀与绮丽的想象。

清光可爱:望月与玩月

上中古时期,月的神圣性、神秘性浓厚,月与家国秩序、个人生命祸福有关,隋唐以后随着天文知识的拓展,月亮逐渐揭下她神秘的面纱,成为人们可亲可爱、寄托心志、诉说心曲的对象。唐代中秋节尚未形成正式的"节日",但唐人于农历八月十五日已有赏月、玩月之风尚。[39]欧阳詹《玩月诗》序:"玩月,古也……八月于秋,季始孟终,十五于夜,又月之中。稽于大道,则寒暑均,取于月数,则蟾兔圆。"欧阳詹在《玩月诗序》:八月十五之夜,"则蟾兔圆;况埃壒不流,太空悠悠,婵娟裴回,桂华上浮,升东林,入西楼,肌骨与之疏凉,神气与之清泠"。[40]以八月十五中秋节为玩月之节。

唐代文人雅士多有十五望月即景兴情之诗篇。王建《十五夜望月寄杜郎中》诗云:"今夜月明人尽望,不知秋思在谁家?"[41]刘禹锡《八月十五夜玩月》:"天将今夜月,一遍洗寰瀛。暑退九霄净,秋澄万景清。星辰让光彩,风露发晶英。能变人间世,倏然是玉京。"[42]刘得仁《中秋》:"尘里兼尘外,咸期此夕明。一年惟一度,长恐有云生。露洗微埃尽,光濡是物清。朗吟看正好,惆怅又西倾。"[43]杜甫也有《八月十五日夜月二首》其一:"满目飞明镜,归心折大刀。转蓬行地远,攀桂仰天高。水路凝霜雪,林栖见羽毛。此时瞻白兔,直欲数秋毫。"[44]杜甫仰望满月,以桂树、月兔神话道出十五明月之美好，但也反衬出自己的羁旅漂泊思乡之苦，月已成为诗人寓托乡愁的象征。

唐代于中秋赏月、玩月之俗发展至宋代其风更盛，形成以赏月为中心的节日，并明订于当天放假一日。南宋吴自牧《梦粱录》卷四："八月十五日中秋节，此日三秋恰半，故谓之'中秋'。此夜月色倍于常时，又称之月夕。"[45]文中即明书"中秋节"为八月十五日，已见以八月十五日为"中秋节"的记载。这是一个场面热闹的狂欢之夜，月色与人情之美可见于其记载中：

此际金风为爽，玉露生凉，丹桂香飘，银蟾光满，王孙公子，富家巨室，莫不登危楼，临轩玩月，或登广榭，玳筵罗列，琴瑟铿锵，酌酒高歌，以卜竟夕之欢。至如铺席之家，亦登小小月台，安排家宴，团圞子女，以酬佳节。虽陋巷贫窭之人，解衣市酒，勉强迎欢，不肯虚度。此夜天街买卖，直到五鼓，玩月游人，婆娑于市，至晓不绝。盖金吾不禁故也。[46]

从中可见在南宋都城临安（今浙江杭州市）中秋佳节之盛况。从王孙公子、高家巨豪到陋巷贫人，无不欢庆中秋。登台临轩赏月，置酒作乐高欢、大宴小酌，街市商贾，至晚不绝！中秋夜俨然是不夜城中的不眠狂欢之夜，充满浓厚的世俗情调。

明清时期，中秋节赏月之风不减，也重视祭月、拜月之俗。清道光元年刻本《辰溪县志》载："农历八月十五日为中秋节。是日，家家做粉糍粑，购月饼，至友亲朋，相互赠送。未婚女婿，必给岳父母送月饼、粉糍粑、鸭子、酒肉等礼品，以便与女友相会。晚餐，多杀鸭子，以鸭子为主菜。夜间，均备月饼、西瓜（取团圆之意），品茶赏月。"[47]，有在中秋备月饼、西瓜以"赏月"的习俗，而明清时有些地方志则亦有"玩月"活动的记载。

中秋节赏月重要的节庆应景食品则是"月饼"，宋代文献中已见月饼的记载。周密《武林旧事》卷六《蒸作从食》下罗列了许多"蒸作"的食品，其中有"荷叶饼""芙蓉饼""羊肉馒头""菜饼""月饼"等名目[48]。吴自牧《梦粱录》卷十六《荤素从食店》也列有"菊花饼、月饼、梅花饼"等，但仅写品名，未标明月饼为中秋节物。明代田汝成《西湖游览志余》卷二十《熙朝乐事》："八月十五日谓之中秋，民间以月饼相遗，取团圆之义。"[49]《帝京景物略》："八月十五日祭月，其祭果饼必圆，分瓜必牙错瓣刻之，如莲华。……女归宁，是日必返其夫家，曰团圆节也。"[50]在明代的中秋节又有"团圆节"之称，并以"月饼"象征月圆人团圆的应景食物。在袁景澜《吴郡岁华纪丽》中，提及"月饼"道：

> 中秋节物，以月饼为先，市廛卖饼之家，名茶食店。大小形制不一，以糖和粉面为之。其馅有豆沙、玫瑰、蔗霜、百果各种，人家争相置买，馈贻亲戚。十五夜，则偕瓜果，以供祭月筵前。形象团圞，取人月双圆之意。董友文诗云："甘分禁内红绫馂，圆映天边白玉盘。"亦工于比喻矣。按《帝京景物略》："中秋月饼，咸属相馈，饼有径一尺者。"[51]

清代，月饼成中秋佳节的必备礼品与供品。清代诗人袁景澜有《咏月饼诗》：

> 形殊寒具制，名从食单核。巧出饼师心，貌得婵娟月。入厨光夺霜，蒸釜气流液。揉搓细面尘，点缀胭脂迹。戚里相馈遗，节物无容忽。高阁启风秋，华筵设烟夕。儿女坐团圞，杯盘散狼藉。术向齐民传，说听吴均发。岂惜千钱买，不作十字画。轻宜玉指搏，软受瓠犀龁。悦口胜红绫，投怀俨白璧。虾蟆未容啖，鹭鸶谅难匹。莫作画中看，宜饷抄书客。[52]

诗中即道出月饼制作，馈赠以及设宴赏月，合家团圆的节庆景象。月饼也与月圆一样成为中秋团圆的重要意象。

结语：圆的企求：从人身不死到人情不死

中秋节日的形成历史悠久，在农历八月十五日赏月、玩月、聚会欢庆已成为今日华人重要的传统节庆。中秋节反映着人们对"圆"的祈求，希望人月双圆！在中国上中古时期，月圆，是一种不死的象征，因为月缺月圆体现出非线性的循环时间观，人们祭月拜月，祈求人身不死，寿命绵长。无奈人终究不免一死，但人情却可以不死，因此中秋月圆的庆典逐渐凸显出的是世俗化生活中的人情之圆、人情不死。

随着时代与社会的变迁，中秋节在不同地区也发展出不同特色。例如在台湾的中秋节，除了仍承袭着传统的拜月、谢天、秋尝、祭祖等仪式外，也各有不同的地方特色。如台湾金门地区，中秋节当天即有"博中秋"、"博状元饼"的游戏活动，流传已三百年之久。

图 16　博饼游戏规则

图 17　金门县举办"夺状元大会"

　　"博中秋"、"博状元饼"就是掷骰子游戏，依所掷出的点数来判定胜负，胜利者可以得到月饼为奖赏，故又名"夺状元饼会"。"这种游戏需要一整套月饼。包括状元、榜眼、探花饼各一；会元饼四、进士饼八、举人饼十六、秀才饼三十二，此外还有贡生、童生、白丁饼若干。骰子有六面，四点为红色，余数为黑色。掷出四面出红，得状元饼。三面出红，得会元饼。二面出红，得举人饼。一面出红，得秀才饼。五面出红，可得状元、榜眼、探花饼。如六面同数，可得月饼全套。"[53]此一游戏活动以状元、进士、举人、秀才、榜眼、探花作为彩名，反映了金门地区对科举考试的重视，将节庆活动跟生活期待相结合，形成重要的民俗活动，颇富金门地方特色。（图16、17）

　　在今日台湾，中秋节虽仍然有吃月饼、馈赠亲友月饼、蛋黄酥的传统习俗，但甜腻的糕点与酥饼日渐不受重视健康养生的现代人所青睐。现今台湾的中秋节发展出在节日当天或前后举办亲友相聚，宴饮烤肉的餐饮聚会。部分乡镇小区甚至有千人烤肉派对的活动，中秋烤肉已成为台湾独特的节日欢聚盛事。由于烤肉宴会备受喜爱，近年更发展出以中秋节当天为中心，前后天乃至于一周举办，甚至连举办两天者皆有的聚会。中秋节的烤肉聚会文化成因甚多，其一，可能与台湾早期的联谊文化有关，在早期没有网络的时代，当时政府举办露营形式的男女青年联谊活动，而烤肉宴会是在野外炊食露营的重要活动内容之一，于是烤肉逐渐形成亲友聚会共同的活动。其二，或与烤肉酱商品

图18 台湾地区民众中秋烤肉活动

广告的营销推广有关，它以富有渲染力的广告词语藉由电视媒体的传播，不仅使产品大卖，还使得中秋节与烤肉产生了联系。其三，受国外节日假日亲友聚会的烤肉文化影响。在这些多重生活文化因素的交错影响下，烤肉聚会逐渐发展成了台湾中秋节重要活动，并带动相关商品的热销，形式也日趋多样化。出门在外或求学或工作的亲人，在中秋节返家团圆，在共同料理食物中，一起分享食物时，又再次温暖了心灵也重新获得了面对生活的能量。

除了宴会烤肉，由于中秋节正值台湾文旦丰收的季节，台湾民众多喜以文旦配烤肉作为节庆应景食品。随着民生经济富裕，文化变迁发展，今日台湾，节日当天最重要的应景食物不是月饼而是烤肉；最受欢迎的活动不是出游赏月，而是在自家小区或宅门廊前，或是餐厅里与亲友相聚烤肉宴会。在1991年的新闻报导中已见中秋节家家户户都有烤肉活动[54]，至2014年的今日仍盛行不坠。[55]（图18）

不论是祭月、拜月，到赏月玩月、吃月饼，乃至于今日台湾地区的中秋烤肉聚会庆典，"月到中秋分外明"金风吹拂，蟾光临照、丹桂飘香的月圆之夜，亲友相聚、团圆共渡，无疑已成为华人共同的幸福印记。所谓"花好月圆"、"月圆人团圆"，花与月、月与人，无不自在圆满。中秋月亮是温柔、恬静、可爱的；而中秋节则是美好、欢乐、闲适的佳节。中秋节团圆的重要性并不亚于春节，隐含着到宇宙的运行变化是跟人的生命变化相互呼应。

庆"月"之圆其象征心理乃在于庆"人"之圆,不论是月饼之圆、柚果之圆等具体象征物;乃至于传统习俗中全家拜月赏月,分吃团圆饼、吃团圆饭、喝团圆酒等仪式与聚会活动,都是对生命与生活圆满的企求。自古以来中国人对"圆"的期待象征着对天地万物圆满的和谐状态,圆是生命原初状态,也是最终的幸福形式。月圆与人圆相应,于是苏东坡在中秋节写下"此生此夜不长好,明月明年何处看?"[56]的诗句,又在,《水调歌头》中道出:"但愿人长久,千里共婵娟"[57]的望月心愿。

"人长久"是不死不老的企求,其中仍跃着对有限生命的不安,但是"人长久"的目的,并非在"成仙",而是与"千里共婵娟"的人情相合,也即诗人着眼者乃是人情之长久,而非人命人身之长久。这种赏月求"圆满"的心情,日趋浓厚。对月的想象,也由求仙成仙的不死情结,转化为今日在月圆之夜,与亲友相聚团圆的人情圆满的企求。永恒的中秋月,不但是人与自然宇宙、人与月的相应与和谐;也是人与人之间情感的交流与圆满。高悬在夜空的中秋月,无私地照耀在高山大海,也无私地照耀在城市与乡村,照亮抚慰了从古至今每一个望月人的心灵;也为世俗的人们,点亮永恒的幸福与希望之光,千年而不灭。

〔1〕［汉］毛亨注、郑玄笺，［唐］孔颖达疏：《毛诗正义》，台北：艺文印书馆，1982年，页二五五。

〔2〕［梁］萧统编，［唐］李善注：《文选》，台北：华正书局，1982年，页二六七。

〔3〕［清］清圣祖御制：《全唐诗》（上），台北：宏业书局有限公司，1977年，卷一一七，页一一八四。

〔4〕［美］卡什福特著，余世燕译：《月亮的传说》，太原：希望出版社，2005年，第6页。

〔5〕［美］M.艾瑟·哈婷著，蒙子等译：《月亮神话：女性神话》，上海：上海文艺出版社，1992年，第21-22页。

〔6〕转引自巫瑞书：《南方传统节日文化》，武汉：湖北教育出版社，1999年，第189页。

〔7〕［汉］郑玄注，［唐］贾公彦疏：《周礼注疏》，台北：艺文印书馆，1982年，页四四四。

〔8〕［梁］宗懔：《荆楚岁时记》，北京：中华书局，1991年。

〔9〕［三国］韦昭撰：《国语韦氏解》（上册），台北：世界书局，1962年，页三十。

〔10〕［汉］郑玄注，［唐］贾公彦疏：《周礼注疏》，台北：艺文印书馆，1982年，页三一三。

〔11〕［汉］郑玄注，［唐］孔颖达疏：《礼记正义》，台北：艺文印书馆，1982年，页八一二至八一三。

〔12〕［汉］高诱注，杨家骆主编：《淮南子．天文》，台北：世界书局，1962年，页三六。

〔13〕杨家骆主编：《新校本宋史并附编三种》，台北：鼎文书局，1983年，第四册，页二五〇五。

〔14〕［汉］司马迁撰，［日］泷川龟太郎考证：《史记会注考证》，台北：洪氏出版社，1981年，第512-513页。

〔15〕［清］高拱干纂辑，周元文增修，张光前点校，台湾史料集成编辑委员会编辑：《台湾府志》，台北："行政院"文化建设委员会，2004年，页三二二。

〔16〕［宋］洪兴祖补注：《天问》，《楚辞补注》，台北：大安出版社，1991年，页八八。

〔17〕同上注，页八八至八九。

〔18〕高莉芬：《捣药兔：汉代画像石中的西王母及其配属动物图像考察之一》，《兴大中文学报》，第27辑，2010年12月，第209-243页。

〔19〕［唐］徐坚撰，［明］锡山安国校：《初学记》，台北：新兴书局有限公司，1972年，第一卷，页四八。

〔20〕 [清]严可均校辑：《全后汉文》（下），北京：商务印书馆，1999年，第566页。

〔21〕 [清]清圣祖御制：《全唐诗》（上），台北：宏业书局，1977年，卷一六三，页一六九四。

〔22〕 [清]清圣祖御制：《全唐诗》（下），卷六六〇，页七五七九。

〔23〕 [清]清圣祖御制：《全唐诗》（下），卷五九七，页六九一二。

〔24〕 [金]元好问：《中州集》，台北：鼎文书局，1973年，第4卷，页一八九。

〔25〕 [清]清圣祖御制：《全唐诗》（下），台北：宏业书局，1977年，卷五四〇，页六一九七。

〔26〕 [清]清圣祖御制：《全唐诗》（下），卷五四〇，页六二〇九。

〔27〕 [清]清圣祖御制：《全唐诗》（下），卷七四五，页八四六七。

〔28〕 [清]清圣祖御制：《全唐诗》（上），卷一七九，页一八二七。

〔29〕 高莉芬：《生与化：汉画西王母图像系统中蟾蜍图像与象征考察》，2014年海峡两岸民俗暨民间文学学术研讨会会议论文，第1—36页。

〔30〕 [汉]刘向撰；严一萍选辑：《五经通义》，台北：艺文印书馆，1967年，《丛书集成三编》黄氏逸书考第6函，页一。

〔31〕 [清]清圣祖御制：《全唐诗》（上），卷一六二，页一六八六。

〔32〕 徐汉明校注：《辛弃疾全集校注（上、下）》，武汉：华中科技大学出版社，2012年，第166页。

〔33〕 [宋]李昉等奉敕编：《太平御览》，台北：台湾商务印书馆，1974年，第七册，卷九五七，页四三八一。

〔34〕 [唐]段成式撰；严一萍选辑：《酉阳杂俎》，台北：艺文印书馆，1967年，《百部丛书集成》学津讨原第22函，卷一，页九。

〔35〕 [清]清圣祖御制：《全唐诗》（上），卷一六八，页一七三七。

〔36〕 [清]清圣祖御制：《全唐诗》（上），卷三九〇，页四三九二。

〔37〕 [明]田汝成撰，杨家骆主编：《西湖游览志余》，台北：世界书局，1963年，页四二八。

〔38〕 [清]沈德潜、周准撰：《明诗别裁》，台北：台湾商务印书馆，1978年，页八三。

〔39〕 [清]清圣祖御制：《全唐诗》（上），卷三四九，页三八九九。

〔40〕 [清]清圣祖御制：《全唐诗》（上），卷三四九，页三八九九。

〔41〕 [清]清圣祖御制：《全唐诗》（上），卷三〇一，页三四三七。

〔42〕 [清]清圣祖御制：《全唐诗》（上），卷三五六，页四〇一六。

〔43〕 [清]清圣祖御制：《全唐诗》（下），卷五四四，页六二八五。

〔44〕 [清]清圣祖御制：《全唐诗》（上），卷二三〇，页二五三〇。

〔45〕 [宋]吴自牧撰：《梦粱录》，收录于广文编译：《近代中国小说史料续编》，第35册（台北：广文书局，1978年）卷四，页4。

〔46〕［宋］吴自牧撰：《梦梁录》收录于广文编译：《近代中国小说史料续编》，第35册（台北：广文书局，1978年）卷四，页四至页五。

〔47〕辰溪县志编纂委员会：《辰溪县志》，北京：生活·读书·新知三联书店出版，1994年，第778页。

〔48〕［宋］周密著，钱之江校注：《武林旧事》，杭州：浙江古籍出版社，2011年，第137页。

〔49〕［明］田汝成撰，杨家骆主编：《西湖游览志余》，台北：世界书局，1963年，页三六一。

〔50〕［明］刘侗、于奕正著：《帝京景物略》卷之二《春场》，上海：上海古籍出版社，2001年，第104页。

〔51〕［清］袁景澜撰，甘兰经、吴琴校点：《吴郡岁华纪丽》，南京：江苏古籍出版社，1998年，第260-261页。

〔52〕［清］袁景澜撰，甘兰经、吴琴校点：《吴郡岁华纪丽》，第261页。

〔53〕秦安禄、冯光荣：《中国节日及传说》，成都：四川大学出版社，1998年，第280页。

〔54〕王志宇：《中秋烤肉——论战后中秋节俗活动的变迁》，《兴大人文学报》，第52期，2014年3月，第93-110页。

〔55〕"主办单位免费提供包含10人份鸡肉、海鲜、蔬菜、米肠、酱料、饮料等食材，还用大锅烹煮剥皮辣椒鸡汤供烤肉民众品尝，吸引超过1500位民众携家带眷，团聚享受烤肉趣味，欢庆中秋节；烤肉民众说，就是人多才热闹好玩，鸡肉烤起来也特别香、特别好吃。"详见李政远：《云林中秋千人烤肉趴》，《苹果日报》（2013年9月19日）。见苹果日报：http://www.appledaily.com.tw/realtimenews/article/life/20130919/261399/applesearch/%E9%9B%B2%E6%9E%97%E4%B8%AD%E7%A7%8B%E5%8D%83%E4%BA%BA%E7%83%A4%E8%82%89%E8%B6%B4；"中秋节烤肉就像是全民运动，不在家自己烤也要上餐厅吃烤肉，但好像就少了这么一点烤肉的乐趣，饭店业者看准民众心态，纷纷推出'中秋烤肉宴'，邀民众携家带眷到饭店享受露天烤肉派对。"详见陈姿吟：《中秋假期何处去？饭店赏月色夜景、吃BBQ》，《东森旅游云》（2013年9月7日）。见东森旅游云：http://travel.ettoday.net/article/267311.htm。

〔56〕唐圭璋编：《全宋词》，台北：洪氏出版社，1981年，页三一一。

〔57〕唐圭璋编：《全宋词》，页二四五。

图书在版编目(CIP)数据

国民节日讲义 / 杨志刚主编;
—上海:华东师范大学出版社,2016.3
ISBN 978-7-5675-4877-0

Ⅰ.①国… Ⅱ.①杨… Ⅲ.①节日—风俗习惯—中国
Ⅳ.①K892.1

中国版本图书馆CIP数据核字(2016)第047796号

国民节日讲义

主　　编	杨志刚
策　　划	郭青生　陈曾路
策划编辑	朱文秋
项目编辑	宋坚之
特约编辑	杨烨旻　胡小静
特约审读	朱　茜
责任校对	林文君
装帧设计	曹文涛
出版发行	华东师范大学出版社
社　　址	上海市中山北路3663号　邮编 200062
网　　址	www.ecnupress.com.cn
电　　话	021—6082 1666　行政传真 021—6257 2105
客服电话	021—6286 5537(兼传真)
门　　市	(邮购)电话 021—6286 9887
门市地址	上海市中山北路3663号华东师范大学校内先锋路口
网　　店	http://hdsdcbs.tmall.com/
印 刷 者	上海丽佳制版印刷有限公司
开　　本	787×1092　16开
插　　页	4
印　　张	12.25
字　　数	206千字
版　　次	2016年4月第一版
印　　次	2018年6月第三次
书　　号	ISBN 978-7-5675-4877-0/G·9210
定　　价	49.80元
出 版 人	王　焰

(如发现本版图书有印订质量问题,请寄回本社客服中心调换或电话021-62865537联系)